有原则的父母，才能教出有教养的孩子

宋洁 著

天津出版传媒集团
天津科学技术出版社

图书在版编目（CIP）数据

有原则的父母，才能教出有教养的孩子 / 宋洁著
. -- 天津：天津科学技术出版社，2023.5

ISBN 978-7-5742-0963-3

Ⅰ. 有… Ⅱ. ①宋… Ⅲ. ①家庭教育 Ⅳ. ① G78

中国版本图书馆 CIP 数据核字（2023）第 046382 号

有原则的父母，才能教出有教养的孩子
YOU YUANZE DE FUMU CAINENG JIAOCHU YOU JIAOYANG DE HAIZI
策划编辑：杨　譞
责任编辑：马　悦
责任印制：兰　毅
出　　版：天津出版传媒集团 / 天津科学技术出版社
地　　址：天津市西康路 35 号
邮　　编：300051
电　　话：（022）23332490
网　　址：www.tjkjcbs.com.cn
发　　行：新华书店经销
印　　刷：德富泰（唐山）印务有限公司

开本 880 × 1230　1/32　印张 6　字数 160 000
2023 年 5 月第 1 版第 1 次印刷
定价：38.00 元

前言

P R E F A C E

好孩子是教出来的！当代著名教育家、学者王东华曾提出了这样的教育观点，如今它已被许多有识之士及家长们普遍认同。一个孩子在成长之初，如同一张白纸，父母给予什么样的教育，他就会成为什么样的人。优秀孩子多是优质教育的结果，对于孩子而言，家庭是孩子人生中的第一所大学，父母是第一任教师，是启蒙之师，父母的言传身教，对孩子的智力发展，性格形成，习惯养成，心态、能力、品德的培育等方面有着重大影响，甚至可以决定孩子的一生。可以说，父母的作用无人可替，好父母成就好孩子。反之，问题孩子多是问题家庭的产物，意味着父母教育的失败。因为天下没有教不好的孩子，只有不会教的父母。大多数孩子的资质都差不多，天才和低智商者毕竟是极少数。而父母自身素质的差异，和所施教育的差别，通常导致了资质不相上下的孩子最终所取得的成绩相差悬殊。

好孩子是教出来的。其前提是父母要有自己的原则，更要以身作则，同时还要掌握教育的方法和技巧。古人云：“子不教，父之过。”父母教育子女，更重要的是懂得教法，教育孩子是一门很深的学问，它有其独特的运作的方式方法和技巧。教不得法，不但不能达到培养目标，还可能导致父母和子女之间无法沟通，造成孩子逆反心理，父母的努力成了毫无意义的努力。因而，要教出好孩子，必须要学会做父母，首先要提高自身的素质，孩子是站在父母的肩膀上的，父母能走多远，孩子就能走多远，父母能有多高，孩子就能有多高。其次是掌握科学的教育方法和有效的技巧，每个孩子都是优秀的，千万不要因为错误的一句话，毁了孩子的信心；也不要让自以为是的教育方式，误了孩子的一生；更不要使溺爱成为孩子一生的绊脚石。

很多家长都想让孩子变得更优秀，但在实际生活中对自己和对孩子却是两种标准：严以待娃、宽于律己。家长自己做不到却要求孩子要做到，无法给孩子做表率。本书立足于当代中国的教育文化背景，收集了大量可资中国父母借鉴的东西方家庭教育案例并做出深入分析，介绍了国内外先进的家庭教育思想和最具成效的育儿方案，针对中国家庭教育中普遍存在的问题和误区，提出了具体可行的解决办法。

目录

CONTENTS

第一章

言教不如身教，孩子的成长大多来自对父母的模仿

身教重于言教，因为身影重于声音 002

孩子的成长从模仿开始 005

小心，别让孩子在模仿中学坏 008

为孩子提供一个良好的“模仿环境”，并且做他模仿的“好榜样” 011

父母应该如何对待孩子的不良模仿 015

和孩子一起模仿——在模仿中进行良好亲子沟通 017

父母别做孩子的反面教材 021

父母一视同仁，孩子才不会势利眼 023

第二章
给孩子的爱可以没有条件，但不能没有边界

宠爱孩子有方法，要宠不能惯 028

爱是合理的给和合理的不给 031

与孩子保持适当距离，也是对孩子的爱 034

放纵型溺爱，最懒惰的爱 036

自我“牺牲”换不来孩子辉煌的未来 040

父母对孩子畸形的爱，成为孩子自私的源泉 043

不能迁就孩子的无理要求 047

寻找疼爱与规训之间的平衡 049

第三章
父母不吼不叫，孩子才会不吵不闹

用温和的态度来对待孩子 054

做孩子健康积极的情绪启蒙老师 057

孩子的良好情绪，来自父母稳定的情绪 059

允许孩子发发小脾气，孩子才能健康成长 062

“打是亲，骂是爱”是最大的谎言 065

不是孩子没主见，而是家长太强势 068

“等我冷静一下再说”——愤怒时最好闭嘴 070

如何应对和大人“对着干”的孩子 073
训斥应该避开众人，在私下里进行 076

第四章
决定孩子上限的不是能力，而是人品教养

对不诚实的处理：一千克的预防胜过一吨的惩罚 080
“帮妈妈洗脚”不只是一个作业 083
不懂得分享是一种惩罚 086
从接待客人开始，培养孩子待人的文明礼仪 089
培养孩子的耐心是培养孩子节制品格的开始 091
不能用粗鲁的方式教育孩子懂礼貌 094
仁爱之心不可无，爱心教育必须有 097
正直，是永不过时的良好品格 100
和孩子一起感恩，在感恩中幸福生活 103
“己所不欲，勿施于人”是不可或缺的好品质 106

第五章
培养孩子好习惯，是培养成功人士的第一步

所谓教养，就是培养好习惯 110
为孩子的未来选择好路径 112

不好的习惯是缠在身上的铁链，无形地限制着
孩子的行为 115
培养好习惯，就是在寻找一种成功的方法 117
良好的习惯是可以透过教育来实现的 120
好习惯的养成需要父母和孩子双方面的努力 123
习惯的培养要靠恰当的教导和表扬 125
培养孩子的自制习惯，等于孕育孩子成功的未来 128
“马上去做”的习惯，是现代成功人士的做事理念 131

第六章
责任感是成长的“维生素”，彰显孩子良好的教养

“一人做事一人当”，不要替孩子的过失包揽责任 136
孩子学会道歉，是学会承担责任的一种表现 139
责任感不可以强加，只能从内心产生 142
把价值观纳入责任感教育中来 145
孩子的责任心要从小注意培养 147
帮孩子丢掉依赖，是培养孩子责任意识的开始 150
帮助孩子认识到对他人和社会的责任 153
缺乏责任心的孩子没有未来 156

第七章

不拜金不仇富，树立孩子正确的财富观

给孩子金钱前，首先给予他驾驭金钱的能力 160

莫让孩子一哭闹，就能满足欲望 163

给孩子“金山”不如给他“点金术” 165

让孩子自己处理压岁钱，但是父母要当顾问 167

把节俭的美德留给孩子，而不是留下财富 170

孩子“摆阔”是恶习，父母千万要留意 172

穷不能成为孩子自卑的原因，而要成为孩子的财富 175

仇富的父母，预约了孩子贫穷的未来 177

第一章

言教不如身教，孩子的成长大多来自对父母的模仿

身教重于言教，因为身影重于声音

“你怎么把邻居家的娃娃拿回来了？别人的东西不能拿。”

“可是他又没有看见。”

“没有看见就更不应该了，那就是小偷了！”妈妈说着就赶紧把娃娃送回去了。孩子低着头，嘀咕着：“可是妈妈还拿人家的梨呢。”原来，妈妈带孩子去买水果，趁卖主未看见，拿了几个梨放在自己提兜里，孩子看到了这一切。

孩子是站在父母的肩膀上的，父母有多高，孩子才能有多高；父母能走多远，孩子才能走多远。父母对于孩子具有天生的权威性，同时又是最亲近、最热爱的人，他们的所作所为容易被孩子认为是自然合理的；并且，孩子由于知识经验贫乏，辨别是非能力差，对父母的言行会不加选择地模仿。因此，父母对孩子的心理发展具有潜移默化的影响作用。例如，他们不仅模仿父母的动作，而且模仿感情的控制和观点，就连发脾气的方式、样子也像他的父母。父母长期和孩子在一起，怎样为人处世，孩子都会记在心上。

苏联教育家马卡连柯指出：“父母自身的行为在教育上具有决

定意义。不要以为只有在你们同儿童谈话，教训他，命令他的时候，才是进行教育。你们是在生活的每时每刻，甚至你们不在场的时候，也在教育儿童。你们怎么样穿戴，怎样同别人讲话，怎么样谈论别人，怎么样欢乐或发愁，怎么样对待朋友和敌人，怎么样笑，怎么样读报，这一切对儿童都有着重要的意义。”这就充分说明了父母以身作则的重要性和必要性。例如，要求孩子孝敬长辈，自己首先要敬老；要求孩子讲文明，懂礼貌，自己就要谈吐文雅，不讲粗话。

儿童教育家孙敬修也说过：“孩子的眼睛是录像机，孩子的耳朵是录音机，孩子的头脑是电子计算机。母亲个人的范例，对于未成年人的心灵，是任何东西都不可能替代的最有用的阳光。”这就需要父母以良好的形象发挥其独特的榜样作用。所以，父母应该多从孩子的特点出发来检点自己的言谈举止。

很多人都知道，身教胜于言教，巴金说：“父母们的榜样力量非常大。在我小时候，父母的脾气都好，父母从未打骂过孩子。想来想去，我想不出从他们身上学到什么坏的东西。今天有些年轻的父母高兴时把孩子当作‘小皇帝’‘小公主’，动了气就打骂不休。不多久，他们的坏脾气全让孩子学到了，孩子们只会学长辈们做出来的行动，不会学他们嘴里讲的道理和心里想的理想。”

但身教为何重于言教呢？因为对孩子来说，身影重于声音。尤其是对于人生刚开始的孩子，可以说只有身教，没有言教，妈妈的身影便是最好的教材。孩子这个时候需要的是身影，而不是声音，因为孩子这个时候还不懂得声音的意思，但是却懂得父母的行动对他的直接影响。在人生最初的几年，父母对孩子来说意义极为重大，父母的照顾不仅让孩子更健康，同时这种照顾本身也是最好的教育。父母是孩子成长中最重要的一个因素，父母的存在就是孩子教育环境的一个部分。

身教重于言教，这是古训，是我国传统家教的重要经验，很值得我们发扬光大。可是，有不少父母忽视身教，有的甚至只重视言教，这会产生负面效应。古人云："其身正，不令而行；其身不正，虽令不从。"有些父母常抱怨孩子不听话，其实他们对孩子所要求的往往连自己都做不到。父母不能总是以命令的口气让孩子干这干那，自己做不到的，就不要勉强孩子去做，否则便会失去威信，自然无法得到孩子的尊重。

在要求孩子做到诚实、可靠的时候，家长却不诚实、不可靠，这不是说话不算数吗？大人说过的话，一定要兑现，这样才能让孩子相信你、服从你。否则，孩子养成了说谎的习惯，也对父母产生了不信任。

如果一个人连自己的父母都不信任，那他怎么能信任别人呢？这样的人势必是多疑、心思敏感的人，总是缺乏安全感，很难和别人友好地相处下去。

父母是孩子的老师、朋友、知心人，这么重要的角色怎么能敷衍对待呢？

孩子的成长从模仿开始

在饭厅里，一个大人抱着一个几个月大的婴儿。婴儿看到了一幅画了许多水果的画，他一边看着画，还一边做出假装吃东西的样子。这个婴儿还是在吃奶的阶段，他怎么知道水果要怎么吃呢?

牛牛是一个只有 15 个月大的男孩。有一天，他拿起妈妈的梳子一下一下地梳理着自己的头发。他的妈妈看到这个举动吓了一跳:“我从来没有给我儿子梳过头。他的头发又细又直，即便不梳理也很整齐。当我看到他拿着我的梳子熟练地梳理头发的时候，我感到很吃惊，看起来他好像天生就会梳头。我也很纳闷，他是怎么学会的呢？”

当然，婴儿不是天生就会吃水果的，牛牛也不是生下来就会梳头的，他们很有可能是观察父母的一举一动而学会的。对于 1 岁的孩子来说，模仿是他们学习各种技能和语言的非常有效的方法，也是孩子逐渐产生自我意识的一个途径。

一个小孩看见大厅的芭蕾舞者雕像后，立刻跳起舞来，因为孩子曾经看过别人跳舞的样子，所以他知道雕像的姿势就是跳舞的动作。这就是孩子天生的模仿和学习能力。孩子正是这样得以进步和提高的，他们的智能也是这样得以开发的。所以，父母一定要学会敏锐地观察出孩子的需要，只有这样，才能给予孩子需要的帮助。

实际上，从孩子降生的第一天起，他就开始模仿父母了。首先是模仿父母的面部表情和发音，然后是身体运动和话语的模仿。初学语言的孩子，一开始就是模仿和重复周围人对他说的话。研究发现，如果平时和孩子说话的人大多数都是语音标准的人，那么孩子的发音就会比较好；如果周围的成人说话都不太标准的话，那么孩子的发音则会带有方言的语音语调。孩子不仅会模仿成人的语言、神态，也喜欢模仿成人的行为。如果孩子被允许去做“大人”的事情，他会非常高兴，比如拿扫帚扫地。

到 2 岁以后，大部分孩子开始对成年人如何使用物品有很大的兴趣，比如，孩子想学习爸爸妈妈是如何使用手机、餐具和电视遥控器等物品的。这些动作的模仿表明孩子的认知能力已经有了一个重大的跳跃，也就是说，孩子能够意识到他所模仿的动作是带有一定意义的。

3 岁以后的孩子，已经知道自己是男孩还是女孩了。这时，他们开始模仿同性成人的行为和举止。比如，女孩喜欢穿着妈妈的高跟鞋，或者自己亲自照料娃娃。在性别角色的模仿过程中，孩子会学习那些同性成人的行为方式，并且认同那个人或那种角色，这对孩子以后的行为发展起到重要的作用。

模仿不仅发生在日常生活中，在游戏中也会有模仿。孩子经常在玩耍中扮演某些成人的角色，比如老师、医生、司机、厨师等。这时的孩子不会看到什么就模仿什么，而是会选择熟悉的人和事，把自己感兴趣的行为通过游戏表现出来。这类游戏被称为

"装扮性游戏"，对孩子各方面的发展都十分有意义。在装扮性游戏进行的过程中，孩子并非纯粹地进行模仿，而是会在实际游戏情境中进行创造，比如为游戏角色打扮，准备游戏道具，在游戏中安排模仿对象的行为和工作等。这时，孩子的创造行为也不知不觉地发生了。

孩子不仅模仿与他亲近的父母或爷爷奶奶，而且还模仿其他的小孩子。他会通过模仿改变自己的行为和动作而去迎合周围其他小朋友的行为。所以，这时候，孩子一对一的游戏方式就能够使他们有更多的模仿机会。也就是说，一个孩子喜欢和另一个站在他旁边的小朋友一起玩，而不是一群孩子相互之间一起玩。没过多久，你又会发现你的孩子甚至开始模仿陌生人、电视里的人物，或者他在动物园看到的动物。

孩子是靠模仿学习的。孩子通过模仿学习说话，学习语言，学习为人处世的态度，学习形成自己的价值观与个人的行为方式。有些习惯甚至都是通过模仿形成的。

要鼓励和帮助孩子模仿，因为这是他成长的中间站。孩子不仅仅是模仿了，他也会出于自己的愿望而这样或那样去做。他通过每天看见父母刷牙和穿上外衣而逐渐学习这些技能。一旦孩子意识到"我自己能做！让我再试一次"，那么他就逐渐变得独立起来了。确切地说，模仿成了孩子迈向独立的中间站。

另外，孩子的一些模仿会超出他的能力，因此，父母需要警惕孩子的安全问题。如果不存在危险的因素，那么就等孩子要求帮助的时候再帮他一把。失败是孩子学习过程中不可缺少的一部分，父母要时常鼓励孩子自己再去尝试。那么，孩子才会在第一次失败之后再去效仿别人的成功做法，一次又一次地尝试，直到自己成功。

小心，别让孩子在模仿中学坏

有一次一个妈妈带着 3 岁的孩子去做新年前的采购。停车的地方挤得水泄不通。他们兜了好几圈也没找到个停车的空地。妈妈心里很烦，最后她好不容易看到另一个人要开车离去，逮了个空。妈妈赶紧向前开车，打出信号，示意自己要把车停在那儿。就在那人倒车时，另一辆车却乘虚而入，挤到了她的前面，占了车位。妈妈气极了，摇下车窗对着那司机吼着粗话，彼此都愤怒地斜视着对方互不相让。最终这位妈妈只好怒气冲冲地继续去寻找另一个停车的地方。

大约 20 分钟后，母子俩走进大厅。此时的妈妈已平息了怒火，母子俩一起谈论着买些什么样的礼物，在这位妈妈毫无准备时，儿子突然抬起头问：“妈妈，能告诉我什么是 ××× 吗？”

妈妈顿时觉得尴尬，弯下身来没好气地对孩子说：“小孩子别管大人的事，你别管这句话是什么意思，反正小孩子不能说！”

生活中 95% 的时候父母可以成为孩子的好榜样，而当孩子抓住父母所犯的错时，做父母的总是有一种防范、虚荣的心理：“别管那是什么意思，反正你别让我听见你说这样的话，否则……”

作为父母，如果你常常用这种办法应对孩子的话则大错特错，这种方法反而让孩子更加好奇和叛逆，同时也会关闭了你与孩子间沟通的大门，这样做相当于告诉你的孩子，大人可以说脏话而他不能，那么孩子到学校做的第一件事很可能就是开始问全班同学那个脏字是什么意思。

漫画家几米有一本漫画，叫作《我的错都是大人的错》，其中有很多“金玉良言”，一针见血地说出了现代家教的矛盾：

有些父母喜欢教训孩子：吃得苦中苦，方为人上人。

但他们自己吃尽了苦头，也没有变成人上人……

大人喜欢吹牛，

却要求小孩诚实。

所有的孩子都爱吹牛，

说他们的爸爸从来不吹牛。

大人喜欢对小孩说：

永远永远不要放弃梦想。

但为什么放弃梦想的都是大人？

这些既简单又直白的语言，把大人问得哑口无言了。对啊？为什么家长总是在做自相矛盾的事情，一边说着这样的话，一边又做着那样的事。每个父母都希望自己能有一个称心如意的孩子，但是很抱歉，几米又说出了一个真相：“我知道我不是一个完美的小孩，但你们从来也不是完美的父母，所以我们必须互相容忍，辛苦坚强地活下去。”

很多孩子的不完美，都是从大人的身上映射过来的。比如我们常说孩子没有什么自尊心，不知道害羞，脸皮太厚。是不是因为他的自尊心被父母伤得太严重了，产生了“抗体”？或者是他们没有从父母的身上找到自尊的感觉，从来不知道自尊是一种怎样的东西。现在孩子身上反映出来的种种问题，都是大人教育思想或者教育行为的后果。

有的父母说孩子不爱学习，但是他自己也从来没有在家中翻阅过一本正经的读物，也从未认真学习过，就算是报名参加了一些课程，在听课的过程中从来没想过要记笔记。

“妈妈，今天你们都听了些什么？”一般孩子也会像妈妈一样，好奇对方学了些什么内容。

这时候，如果妈妈能拿出来一个笔记本，一条一条说今天的学习内容，孩子马上就能知道，做好笔记很重要。但很少有父母能做到这样，甚至连讲了些什么都忘记了。

更有甚者，回家之后向孩子抱怨：“今天听课真是白搞了，啥也没记住，往后再也不去听了。”这不是在告诉孩子听课没意思吗？

其实，好父母会这样做：

回去之后，兴奋地对孩子说：“妈妈（爸爸）今天听课，感觉收获特别大。”然后亮出自己的笔记本：“下次我早点去坐到第一排，听清楚些。”

学习是多么令人愉快的事情！这一点不会因为你是父母就变得无趣，也不会因为他是孩子就变得更有趣。学习带来的快乐是相通的，如果你能表达出这种快乐，孩子也就能去努力体会这种快乐。

为孩子提供一个良好的“模仿环境”，并且做他模仿的“好榜样”

既然孩子的行为方式是通过模仿周围人形成的，为人父母的你就对孩子的学习有相当大的影响，你是孩子的第一个榜样。孩子的模仿能力与他的生长发育和认知能力有很大关系。而父母所要做的是为孩子提供一个良好的“模仿环境”，并且做他模仿的“好榜样”。

想让孩子成为怎样的人，父母首先就要做好榜样，孩子会学习父母的一举一动。当丈夫在家时，你却对打来电话的人说他不在，你就教会了孩子说谎；如果你吃饭时狼吞虎咽，那么你就教会了孩子吃饭时要快速；如果你整日看电视，那么你就教会了孩子整日去看电视；如果你大喊大叫着人们的名字，那你也教会了孩子对人没有礼貌；如果你对孩子动怒，孩子就会对别人动怒；如果你对抢占停车位的那个人说了些脏话，你则教会了孩子去说脏话。

这其中如果父母给孩子树立了一种虐待他人的印象，那则是一件可怕的事情。你怎样虐待了孩子，孩子也会在日后怎样虐待你。为人父母的你动用武力，怒气冲冲地打了孩子一顿，天长日久，在孩子的心中则形成一种印象：“爸爸妈妈就是以这种方式来对待他们的孩子的。”当孩子长大成人后，他也将以此种方式对待他自己的孩子。

相反，如果你能心平气和地讲话而不是怒气冲冲，则教会了孩子怎样在被激怒的情况下保持冷静；你对自己说的脏话道歉时，则教会了孩子怎样对所犯的错误负责；你对自己的怒气负责，便教会了孩子对自己的怒气负责；你彬彬有礼，则教会了孩子彬彬有礼；你能事事与大家分享，则教会了孩子事事与他人分享；你能与人为善，那么你的善良也传递给了你的孩子；当你全力以赴做事时，你的孩子也会学着专心致力于所做的事情；你常常读书，则培养了你的孩子对待读书的正确态度；你吃健康的食品、积极地健身，那么你的孩子也会紧紧地跟从；如果你以一种负责任的方式行事，那么你的孩子也将会以一种负责任的方式行事。

因此，父母需要格外注意自己的一言一行。如果你希望孩子能够总是把“谢谢”和“请”挂在嘴边，那么你必须自己先这样做，自己经常说这些礼貌用语才行。另外，孩子对待周围人们的方式也是通过效仿父母而学到的，所以，必须让孩子亲眼看到父母的友善、慷慨和富有同情心，而且，一旦孩子有了这些好的行为，父母一定要给予鼓励。

孩子会从父母那学会许多自己的行为方式，所以父母必须成为孩子的一个好榜样。孩子也会从身边的环境中学习，所以父母应该为孩子创造那些培养他的优点，鼓励他自律、负责的环境。

孩子身处的环境包括他周围的人以及周围的环境。孩子周围的人包括父母和其他家庭成员，小伙伴、邻居、同班同学、老师；周围的环境包括餐厅、操场，还有电视、电影、书刊、音乐等宣传媒体。孩子的行为是融合在他身处的环境中的，如果环境鼓励他嬉闹，他就会玩；如果环境鼓励他踢球，他便会踢；如果环境鼓励他成为一个团队中的一员，他就会加入团队。

环境具有强大的影响力，它给孩子耳濡目染、潜移默化的力量，就像青蛙在不同的环境中会改变不同的体色，孩子在不同的环境中会长成不同的个性。成功的早期教育一定要给孩子丰富多彩的生活环境和条件，这是孩子快乐进取的物质基础。每个父母都想让孩子在好的环境中健康成长，但该如何给孩子建设一个有利成长的环境呢?

1. 人际环境

孩子是家庭中平等的一员，父母不要娇宠溺爱，也不要冷落他。一家人要做到互相关爱、分工劳动、遇事商量，共同享受生活的乐趣；一家人还要互相赞美对方良好的行为表现，运用礼貌和幽默的语言进行交流；一家人可以经常开故事会、朗诵会、运动会，表演各种节目，还可请亲戚、朋友、小伙伴来家里玩，尽情享受亲情和友情。

2. 智慧环境

父母要给孩子准备好小书桌、小书柜、玩具柜、科技百宝箱、大地图、地球仪、科学实验器具，再给孩子一个植物园、动物园就更完美了。孩子的生活环境要有色彩鲜艳的图案，美丽的风景画，优美的书法作品。当然别忘记给孩子设立一个锻炼身体的环境，如沙包等。一家人要经常读书、讨论，一起动手做玩具、开展小实验。对于 2 岁半以后的孩子，父母可以每天设立 20 分钟的“静悄悄”时段，各人在自己固定的位置专心做事情，不打扰对方，事后评定孩子的表现情况。

3. 意志环境

养成孩子良好的行为习惯，父母可以和孩子一起制订各种作息时间，如早起、早锻炼的时间。制订作息时间表有利于孩子养成有动、有静的活动习惯。培养孩子按时吃饭、洗漱、排便、睡眠、劳动、看电视的习惯，逐步做到不催促、不提醒，培养孩子的责任感和坚持力。3 岁以后的孩子看什么电视，父母要事先与孩子商量好，以儿童节目为主，在规定的时间内不多看也不少看。3 岁以前的孩子每天以 10 分钟为宜，3 岁以后每天 20 ~ 30 分钟为宜。当孩子逐渐长大，还要教给他怎样用钱、怎样节约、怎样存放，鼓励他买书和智力玩具，援助他人等。

父母应该如何对待孩子的不良模仿

孩子天生就有模仿能力和模仿需求，但是他不会分辨什么应该模仿而什么不能模仿。而孩子（尤其是小男孩）特别喜欢模仿影视作品里的坏蛋！为什么？因为坏蛋的造型与表演较之正面人物更有特色，更容易模仿！于是每看完一部电影电视，便总会有数不清的小男孩在游戏时模仿着那个坏蛋，学着那个原本“面目可憎”的家伙——他的模样、他的装束、他的步态、他的腔调！大部分孩子的恶习就是通过不良模仿形成的。

报纸上曾报道过世界上年龄最小的银行抢劫犯——罗伯特，是个年仅 9 岁的孩子，他怎么会抢劫银行呢？因为他刚刚看过一部关于银行抢劫的侦探片，他觉得很有趣，这才照葫芦画瓢，模仿电影上的坏蛋，用玩具枪去“抢劫”银行的！

现在的荧屏与银幕大量充斥着“不干不净”的东西，关于凶杀、关于打斗、关于抢劫、关于色情的镜头在上面屡有出现，这很难避免污染天真的孩子们！尤其是有些宣扬打斗和暴力的影视节目，如果频频出现在孩子们的面前，那么，体力较强、性格较外向的孩子看了就会立刻仿而效之，横行霸道、欺凌弱小，于是渐渐形成了具有攻击型侵犯性的性格。而体力单弱或性格内向的孩子则会因为无力模仿而感到自卑，渐渐感到低人一等，甚至害怕长大，害怕将来被人欺侮，于是郁郁寡欢，提心吊胆，原本健康的人格很快被扭曲。试想，如此日复一日，年复一年，怎能不结出恶果！

除了媒体大量的不良影响，现实生活中的诸多恶行对孩子也有着巨大的消极影响，例如：一个粗鲁暴躁的家长对待任何人都很无礼，班级里有个小霸王长期欺负同学，老师动不动就打骂学生，等等。这些看似与孩子没有直接关联的事，其实都在潜移默化中深深影响着孩子，他们对不良行为其实更加敏感和好奇，在自觉或不自觉的模仿中，孩子的恶习就这样形成了。

孩子不懂得分辨好坏，且不会对模仿的行为进行正误判断，因此，父母要帮助孩子尽量远离不良行为。首先，要给孩子的生活学习环境“消消毒”。父母是孩子模仿的第一人，她首先要有文明的举止行为和良好的生活习惯，另外，她还要扫除孩子旁边的不良影响物，例如：不让孩子与粗暴无礼满口脏话的孩子在一起玩，当亲戚朋友在孩子面前露出粗鲁一面的时候，让孩子回避，或者给孩子解释清楚这种行为的不好和危害。然而，防总是不胜防，父母不可能完全免除孩子的不良模仿，那父母应该怎样对待孩子的不良模仿呢？

（1）应该用自己的言行为孩子树立一个可模仿的正确榜样。

（2）要引导孩子在模仿中学习正确的东西，摒弃错误的东西。孩子的辨别能力差，父母一定要让孩子有选择地模仿。

（3）父母经常和孩子一起讨论研究电影、电视、故事中的人物形象，正确引导孩子分析人物。分析时不停留于表面情节和人物的直观形象，要教育孩子学习英雄人物的勇敢顽强，憎恨敌人的卑鄙凶残，久而久之，孩子就会主动模仿这些英雄人物的形象，学习英雄人物的优良品德和崇高精神，促进孩子正确道德观的逐渐形成。

（4）对孩子已有的不良模仿行为，父母应积极地加以纠正。如有的孩子喜欢模仿电影中的坏人，父母应告诉孩子，坏人干坏事，如果发现坏人，就应该把他抓住，交给警察。这样，孩子就会憎恶坏蛋，而模仿正面形象——警察。

模仿是孩子学习的一种途径，但也不宜让孩子只会模仿他人，而应更多地鼓励孩子发表和他人不同的意见，进行独立性的活动，这样才有助于孩子创造性思维的培养。

因此，父母对孩子好的模仿行为应当支持，并给予表扬和奖励，使之强化；对于孩子的不良模仿行为，父母应当制止，因为这种模仿只能导致孩子正确模仿作用的丧失，不良模仿和破坏性行为的出现，进而产生不良的心理。

和孩子一起模仿——在模仿中进行良好亲子沟通

当你喂小孩子吃饭时，把小勺递到孩子面前，孩子自然地张开了嘴，等着品尝美味。那么你呢，你的嘴是否也张着？你们俩谁先张开嘴？到底是谁在模仿谁？荷兰阿姆斯特丹大学的社会心理学教授艾普·迪叶特斯特解释说：“在 4/5 的情况下是孩子看到伸过来的勺子后先张嘴，然后父母才模仿孩子的动作；余下 1/5

的情况是父母先演示，孩子再模仿。”

艾普教授告诉我们：“如同水中的鱼群群居群嬉一样，人也时时参照周边的人们，互相观察、互相模仿。我们需要一种归属感和获得认可、接受的愿望，而模仿可以满足我们的这种愿望。”

这个简单的喂饭的例子说明了，模仿不是单向的，模仿其实可以理解为父母和孩子间的交流的一种方式。

很多父母都知道，就是在很小的婴儿面前做吐舌的动作，宝宝也会模仿。新手父母也可以和自己刚刚出世的宝宝来做一个特殊的游戏：父母在宝宝面前做出亲吻的嘴型，看看宝宝是否也会模仿出同样的姿势。有研究者在刚刚出生不过 42 分钟的婴儿身上就观察到了这种行为。

如果一个 6 个月的婴儿得到一面小摇鼓的话，他会立刻意识到，他不仅可以将他攥紧，也可以松手扔掉。因为这么大的孩子开始有意识地抓住东西，想怎么玩就怎么玩。因而宝宝突然意识到，他可以“有所作为”影响什么了。于是他开始非常热情地练习，将事物与目的结合起来。此时，模仿可以起很大作用。例如当你把礼品纸揉成一团发出声音，孩子会好奇地学着尝试，是否他也可以用手和纸制造出同样的音响效果。

当人们模仿他人表情的同时，理解他人的情感也就更容易了。神经生理学者发现，大脑具有使人拥有模仿能力的神经细胞——镜像神经元。它不仅仅在做动作，如用手抓玩具摇鼓时活跃，而且在观察别人如何拿起摇鼓时也变得活跃。大脑会模仿该动作，同时还会设想他人大脑中的意图：他想拿起摇鼓晃动发出声响。镜像神经元能让人通过模仿，推己及人从而更加体谅他人。再简单一点说，通过对周围的人表情的模仿，孩子学会了善解人意。

不仅孩子对父母的模仿有很大作用，父母对孩子的模仿也会产生很大影响。

如果孩子因为肚子痛而整夜睡不安稳，第二天早上，父母的情绪通常会有些烦闷，这是人之常情。但假如宝宝这时冲着父母笑，所有的父母都会不由自主地喜笑颜开，疲劳被笑容驱赶得无影无踪。这是因为父母在模仿孩子的笑时，大脑通过面部肌肉的运动传输了愉悦的信息，立即分泌出营造快感的激素。

父母在和小宝宝说话时会不自觉地用“儿语”，他们改变了通常讲话的节奏，几乎是像唱歌一样和孩子说话。而且语速相对缓慢，句子之间停歇较长，经常重复所说的话。当父母模仿孩子的方式与孩子进行交流，仔细观察宝宝的反应，就会发现宝宝在“密切注视”并“回答”你，尽管他可能还不会说话。宝宝大一点后模仿的能力更强了：比如他还不会说话，可已经能学着父母拿起电话听筒煞有介事地“打电话”了。孩子每一次模仿的尝试都促进着语言的发展，同时加强了父母与孩子间的联系。

有的父母全天候 24 小时为这个小小的“大人物”服务，忙得焦头烂额，担心自己支撑不了多久。宝宝却有能力让你坚持下去，就像他自己一样保持旺盛的精力：不停地挥舞手臂，趴着时不断向前爬。孩子的这种耐力、耐心和集中注意力恰好是父母应当效仿的。可以说，孩子引导父母，尽全力去生活，尽力过好每一天。

父母和孩子可以一开始就通过模仿互相交流。你可能会感到，当孩子模仿你时，你的面前似乎有一面镜子，你做什么，孩子也做什么。孩子模仿你，是因为父母是他的偶像，他对父母的爱是无条件的，他对父母的信任是毫无保留的。当你把宝宝抱在怀里，他同时也抱着你，贴在你身上向你表达他的爱，如同你对待他一样。

对于新生的婴儿来说，不存在昨天或明天，只有现在。当你给孩子穿衣、洗澡、哺乳时，对他重要的只是你正在做的事情。你可以在宝宝观察你的时候，望着他，用两三分钟来营造一个小小的永恒，一段美好的时间。而且你要将动作的节奏调节到宝宝的频率上来，“慢动作”有时候恰好是合适的速度。这些都有助于宝宝的时间感和记忆的形成。

对于孩子的模仿行为，如果父母每次都以微笑和赞扬的话对待他，那么他就会因为得到了你的鼓励而继续努力做得更好。另外，如果父母和孩子一起唱歌跳舞和做游戏，那么父母和孩子之间就可以相互模仿了。事实上，父母模仿孩子是表扬和认可孩子的一种很好的方式，当父母模仿孩子的时候，孩子将感到自己得到了别人的尊重和认可。

父母别做孩子的反面教材

生活中，常发生这样一幕：在争抢公交座位的时候，有的父母竟利用孩子来抢占座位。车子刚停稳就有人紧挨着车子的窗口，先把孩子从窗口塞进车内，也有的让孩子先拼命往车里钻。其他上车的人怕挤伤了孩子，看见孩子往里面挤，都会自觉地退一步让他们先进去。等到大家上了车才发现，先上车的孩子已经连人带物占了两三个座位了。

父母是孩子心中最信赖的人。通过与父母的朝夕相处，父母的一言一行、一举一动都会在孩子的心灵深处埋下相应的种子，父母的反面行为，对孩子的未来只会产生恶劣的影响。

“孩子是父母的影子”这句话不无道理。孩子的思想观念、政治信仰、行为习惯、兴趣爱好都会或多或少带上父母的烙印。

很久以前，一个人打算悄悄跑到邻居家的麦田中偷一些麦子。

在一个伸手不见五指的夜晚，到处漆黑一片，她偷偷带着女儿离开了家。

她压低声音说道：“孩子，你给我站岗，如果有人来就大声喊我。”

然后这人溜进麦地，开始收割，不一会儿，女儿就喊道：“妈妈，有人看到你了！”

这人向四周看了看，但是一个人也没有看到，于是她把割下的麦子收拾起来，又走进麦地。

“妈妈，有人看到你了！”女儿又大声喊道。

这人再次停下来，向四周张望，但还是什么人也没看到。她又收了些麦子，然后来到另一块麦地。

过了一会儿，女儿大声叫道：“妈妈，有人看到你了！”

这人又一次停下手中的活，向四周望了一下，但还是什么人也没有看到，于是她把割下的麦子捆好，然后溜进最后一块麦地。

“妈妈，有人看到你了！”女儿又叫了起来。

这人停止收割，向四下看去，还是没有看到人。“你为什么总是说有人看到我了？”她生气地问女儿，“我四处看了看，什么人也没看到。”

“妈妈，”那孩子低声说道，“有人从天上看到你了。”

站在孩子的角度，我们禁不住为故事中孩子的诚实和童真喝彩，但同时又为偷麦子的妈妈感到悲哀。虽然孩子还未走上社会，但妈妈的行为直接给她带来了深远的影响，偷麦子看似一件小事，但在孩子的心灵上该会打上怎样的烙印？

很难想象，一个这样的妈妈，能培养出一个什么样的孩子。

也许，父母的许多行为是无意的，但无形中我们就成了孩子不诚信的“始作俑者”。让我们再把目光投向许多家庭，看看有没有父母在不经意间就做了孩子的反面教材。

美国著名教育家杜威曾经说过，当一个社会对现实的道德状况不满意时，它首先应求助于教育。陶行知先生是伟大的教育家，他的每日 4 问中的第四问便是：“自己的道德有没有进步？”因为道德是做人的根本，没有道德的人，学问愈大，为非作恶的能力愈大。不容乐观的是，当前社会的非道德教育行为对儿童、青少年的污染已经相当严峻。由此各位父母，千万要注意以身作则，不要做孩子的反面教材。

父母一视同仁，孩子才不会势利眼

一天，一位 40 多岁的中年女人领着一个小男孩，走进美国著名企业巨象集团总部大厦楼下的花园，并在一张长椅上坐下来。她不停地在跟男孩说着什么，似乎很生气的样子，不远处有一位头发花白的老人正在修剪灌木。

忽然，中年女人从随身挎包里揪出一团白花花的卫生纸，一甩手将它抛到老人刚剪过的灌木上。老人诧异地转过头朝中年女人看了一眼。中年女人满不在乎地看着他。老人什么话也没有说，走过去拿起那团纸扔进一旁装垃圾的筐子里。

过了一会儿，中年女人又揪出一团卫生纸扔了过来。

“妈妈，你要干什么？”男孩奇怪地问妇人，女人摆手示意让他不要说话。

老人再次走过去把那团纸拾起来扔到筐子里，然后回原处继续工作。可是，老人刚拿起剪刀，第三团卫生纸又落在了他眼前的灌木上……就这样，老人一连捡了那中年女人扔的六七个纸团，但他始终没有因此露出不满和厌烦的神色。

“你看见了吧！”中年女人指了指修剪灌木的老人对男孩说，“我希望你明白，如果你现在不好好上学，将来就跟他一样没出息，只能做这些卑微低贱的工作！”

原来男孩学习成绩不好，妈妈生气地在教训他，面前剪枝的老人成了她的“活教材”。

这时，老人放下剪刀走过来，对中年女人说：“夫人，这里是集团的私家花园，按规定只有集团员工才能进来。”

“那当然，我是巨象集团所属一家公司的部门经理，就在这座大厦里工作！”中年女人高傲地说着，同时掏出一张证件朝老人晃了晃。

“我能借你的手机用一下吗？”老人沉思了一下说。

中年女人极不情愿地把手机递给老人，同时又不失时机地开导儿子：“你看这些穷人，这么大年纪了连手机也买不起。你今后一定要努力啊！”

老人打完电话后把手机还给了妇人。很快一名男子匆匆走过来，恭恭敬敬地站在老人面前。

老人对那个男子说：“我现在提议免去这位女士在巨象集团的职务！”

“是，我立刻按你的指示去办！”那个男子连声应道。

老人吩咐完后径直朝小男孩走去，他用手抚了抚男孩的头，意味深长地说:“我希望你明白，在这世界上最重要的是，要学会尊重每一个人……”说完，老人撇下3人缓缓而去。

中年女人被眼前骤然发生的事情惊呆了，她认识那个男子，他是巨象集团主管任免各级员工的一个高级职员。“你……你怎么会对这个老园丁那么尊敬呢？”她大惑不解地问。

“你说什么？老园丁？他是集团总裁詹姆斯先生！”

“啊，他是总裁？”

中年女人一下子瘫坐在了长椅上。

可能很多人会想，这个妈妈真倒霉，刚好遇到了总裁，但其实对一个母亲来说，因为自己的言行失当丢了工作事小，在孩子面前丢了作为母亲的庄重和风度事大。在她的耳濡目染下，那个男孩恐怕也难以学会在生活中尊重他人!

父母是孩子的第一任老师，也是孩子最亲近的人，父母的所作所为容易被孩子认为是合理的，并且，孩子知识经验贫乏，辨别是非能力差，对父母的言行会不加选择地模仿。孩子的眼睛是一个照相机，他会将父母的言行一一记录下来，并且作为日后生活中的行为规范。要让孩子学会尊重，父母必须以身作则，对身边的每一个人一视同仁。

孩子的成长过程中，不仅需要学会基本的生存技能，更要学会如何与他人相处、协作，进入社会，孩子就成了社会的一分子。作为社会成员，尊重他人，才会赢得别人的尊重。握一个手、道一声好，别人遭遇不幸时有一种同情、怜悯之心，而不是漠然、讥笑；自己收获成功不是傲然自大，而是谦逊、随和，这才是一个社会的人，才是一个真正大写的人。朋友关系的存续是以相互尊重为前提的，容不得半点强求、干涉和控制。彼此之间，情趣相投、脾气对味则合、则交，反之，则离、则绝。朋友之间再熟悉、再亲密，也不能随便过头、不恭不敬，这样，默契和平衡将被打破，友好关系将不复存在。

一个不懂得尊重别人的孩子，他对自己的言行举止肯定也不会有最基本的尊重，极端的甚至对自己最宝贵的生命也失去尊重。自尊是促使孩子不断向上发展的原动力。自尊是自信的源头，一个孩子不尊重自己，就不能激发出内心的勇气和自信，当然，也不会取得什么大的成就。屠格涅夫说过，自尊自爱，作为一种力求完善的动力，是一切伟大事业的渊源。孩子只有尊重自己，才会珍惜和看重自己，才能够实现自己人生最大的价值。

孟子说："富贵不能淫，贫贱不能移，威武不能屈"。这是作为君子应该有的气节，也是有品格的父母应该追求的境界。只有当父母做到一视同仁，尊重他人，尊重自己，孩子才能把这种美德深入到灵魂中，在人生的道路上赢得更多的尊重和友谊。

第二章

给孩子的爱可以没有条件，但不能没有边界

宠爱孩子有方法，要宠不能惯

今年一开学，某学校脑瘫班的乐乐，现在连路都不怎么会走了，而上个学期期末的时候，她走路非常的好，虽然时不时会摔倒，但是可以自己独立的行走。大家都夸她练习认真，成果明显。结果这个学期怎么突然就退缩了呢？

原来这个暑假，乐乐的保姆去照顾姐姐的孩子了，没有时间照顾她，因此乐乐的生活都是由妈妈负责的。而乐乐的妈妈由于孩子的缺陷，非常的自责，对孩子十分迁就，哪怕是乐乐说："无论我说什么，无论我说的是对的还是错的，你都不准反驳"，妈妈都没有任何的意见。在家里，乐乐称王称霸，家里人不敢说半个不字。因此寒假的 1 个月时间里，乐乐就整天坐在家里看电视，从来没有好好地锻炼自己的身体，更别说专门的练习走路了。1 个月不练习的结果就是：现在连走路都有问题。

宠爱孩子，这是孩子的福分。所谓的宠，应该是满足孩子在成长过程中的感情需求，这样宠出来的孩子在日后的成长过程中会更加自信。天下的父母没有不宠爱自己孩子的，但是，并不是所有的父母都懂得宠爱孩子的尺度，这是孩子的不幸。对孩子的宠爱，应该有度，如果宠爱无度，就会变成溺爱。溺爱会给孩子带来一系列的不利影响：助长孩子的任性和娇气，弱化孩子与外界交流的能力，埋没孩子处理各种事情的潜能。

有一些父母，从来不让自己的孩子做任何的家务，对孩子的各种要求几乎是“有求必应”，当孩子遇到各种困难自己都先迎难而上。一句话概括就是，父母在极力创造一个让孩子感觉到没有任何委屈的环境。这样做的后果，孩子无疑是得到了安逸，万事不求人，但是这样做的同时，也把孩子应该具备的社会适应能力和免疫力舒舒服服地破坏掉了。

父母对孩子无度的宠爱还会使孩子在潜意识中形成“唯我独尊”的错误意识，他们成了家里的上帝，他们的喜怒哀乐左右了家庭的气氛。在学校中，有不少孩子是任性不羁的霸王，没有任何人能和他沟通，没有任何规则能够约束他。

父母对孩子的过度宠爱，原因大致有以下几个方面：

1. 父母小的时候自己受苦太多，曾经感受到过贫苦生活给自己带来的折磨，现在自己事业有成了，总觉得不能让孩子再像自己从前那样受苦，所以千方百计给孩子最大的满足。

2. 有的父母本身从小生活在富裕的生活环境里，并且现在的条件要比过去好很多，所以就觉得孩子一定要过得比自己舒服才算是跟上了时代进步的步伐，才算是不委屈孩子。

3. 有的父母由于经常不在家，长期在外拼搏，无暇照顾孩子平时的生活，总觉得自己对孩子有亏欠，所以就容易在物质方面尽量满足孩子，甚至可以容忍孩子挥霍金钱。

任何东西如果给的太多了，人的感觉就会钝化，爱也是如此。父母对孩子如果爱得太多，那就是糊涂了。因为无论是什么原因导致溺爱心理的产生，最终都会导致孩子心理发展的障碍。

1. 被过度宠爱的孩子容易变得无情，只喜欢一味地索取，不懂得付出。

2. 被过度宠爱的孩子容易变得无能。如果父母帮助他做了很多本该属于他做的事情，过度的照顾让孩子的品德、智力甚至是身体发育停滞不前。父母可以给予孩子生命，但却无法担负孩子的一生，孩子迟早要独自面对他自己的事情。

3. 被过度宠爱的孩子基本上缺乏自强的精神，缺乏自立的能力，承受不了任何风风雨雨，心理的抗挫能力极差。有些孩子会在日常的生活中有一些具体表现，比如缺乏自我控制能力，行为怪异；不能控制饮食；在活动中不守秩序，如果别人不按照自己希望的方式就会大吵大闹；很少为别人考虑；不能与别人一起分享成果。

4. 被过度宠爱的孩子会表现得很难适应社会，因为过分娇宠的孩子容易自私、任性、放肆、骄傲、易发脾气、不遵守规则、没有公德等。这样的孩子一旦走上社会，往往高不成低不就，大事做不来，小事不肯做，注定要失败。

在当今我国的独生子女身上，过度宠爱、娇生惯养的危害体现得淋漓尽致，而西方国家的孩子相对来说就独立很多，所以，我们的父母可以向外国先进的育子智慧学习。在美国，无论家长是高官还是富豪，从来都不给子女零花钱。而子女的零花钱大多是通过课余或假期的打工中“按劳取酬”获得的。不仅如此，当子女成长到了 18 岁的时候，他们就再也不会在经济方面依赖自己的父母，而是必须要自食其力。而这些美国孩子也把长大了还向父母伸手要钱视为是一种耻辱，自觉地凭劳动和智慧来挣钱料理自己的生活。总之，要想孩子独立，就要从小培养他的独立意识，不能娇生惯养、过度溺爱！

父母爱孩子，这是人之常情大家都理解，但是千万不要“过度”。爱孩子不能只用感情，爱孩子需要用智慧，教育孩子时坚持“要宠不要惯”的原则才是最好的方法。

爱是合理的给和合理的不给

毛毛是家里的独子，自从出生下来就集万千宠爱于一身，爸爸妈妈、爷爷奶奶、外公外婆、叔叔姑姑，人人都对他疼爱有加，有求必应，只要他眼里流露出对某样东西的好奇或是喜欢，家长马上就把这个东西送到他手上，这就养成了毛毛要什么就必须得到什么的习惯。冬天的一个晚上，妈妈带着 3 岁的毛毛去朋友家串门。回家的路上毛毛突然发现一直攥在手里的一块糖果不见了。那块糖果是妈妈的朋友给的，他家没有这样的糖果。毛毛着急得哭了起来。爷爷奶奶、爸爸妈妈都来安慰他，并承诺第二天给他买他最喜欢的玩具。但毛毛没有妥协：我要！我要！我一定要！！

毛毛打着滚哭闹，爷爷奶奶、爸爸妈妈看着实在心疼，便带上照明工具倾巢而出，沿着回来的路拉网式的搜寻，眼看午夜12点了，糖果还没有找到，妈妈看着因绝望而死去活来的孩子，终于硬着头皮敲响了朋友家的门，把已经睡着的朋友一家人吵醒找那块糖果。

经历小小的失望就歇斯底里，预兆着未来灾难的来临。毛毛长大了，想找一个女朋友，但他喜欢的女孩根本看不上他。他不再打滚哭闹，而是拿起一把刀子割破了自己的手腕。医院里，毛毛被抢救过来，但是他又开始绝食。父母哭着对他说："你想把我们急死？不就是一个女孩吗？人生的路还长着呢，好女孩多得是。"但他恨恨地说："我就要她！要她！一定要她！！"

独生子女最大的问题，就是得到过多不合理的爱的问题。他们一切合理的不合理的要求都得到满足，并且没有兄弟姐妹来分享，这样的成长经历让他们养成无限制索要的习惯，并且觉得父母就应该也能够满足自己的需要，这是天经地义的事情，不用感恩也不用怀疑。也许在孩子小的时候，父母觉得满足小孩的要求不是件难事，只要孩子开心就好，但是，没有一个家长能满足孩子一生的所有需要，当你的孩子欲求未满时，当你没有能力给予他时，孩子会怎么样？上述事件中因为追不到女孩而割腕的毛毛是对所有不理智满足孩子需要的家长的警醒。

父母对孩子过度的爱容易造就出一批自私、不懂感恩、心智不成熟、人格不健全的儿女，真正伟大的爱不是无限制的给予，而是合理地给的同时也有合理地不给，它是合理地安慰、鼓励、督促、给予，也是合理地争执、对立与批评。它是一方面尊重孩子生活的独立性，另一方面又给予孩子积极的引导。

因此，父母在教育孩子的时候，不要给予孩子过度的爱，不能溺爱和娇惯，要让孩子明白不是所有想要的东西都能到手；爸爸妈妈不是能帮你实现所有愿望的超人；如果家长满足了你的需求，要感谢他们的辛勤付出；干净的衣服、可口的食物、舒服的环境，这一切都不是理所当然的；好东西是应该与别人分享的。当孩子了解了这些事实后，他会迅速长大，懂得感恩、懂得分享、懂得控制。孩子生来是一张白纸，关键在于父母在上面写上什么样的思想情感。不要在白纸上填满色彩，也不要给予孩子太满的爱，凡事留点空间，才有更多的美感。

给予孩子爱，是所有父母的本性，不是件难事。正如美国心理学家斯考特·派克所说的，对孩子的溺爱和对宠物的爱有一致性，可以说是一种父性或母性的本能。它不需要努力，不需要经过意志抉择，并且对心灵的成长毫无帮助，所以不能算是真爱。虽然溺爱也能帮助建立亲密的人际关系，但要养育健康而心智成熟的子女，还需要更多的东西。所以，真爱不是只会给予的爱，而是合理地给与合理地不给的理智的爱。

虽然，这样做的父母经常会处于一种两难的困境当中，一方面要尊重所爱的人在生活和人格上的独立，一方面又要适时提供爱的引导。这种真爱复杂而艰巨，需要认真思考，需要不断创新。但是，为了孩子健康成长，父母多花点心力又有什么关系呢。

与孩子保持适当距离，也是对孩子的爱

英国有一个心理学女博士说：“世上所有的爱是以聚合为最终目的，只有一种爱是以分离为目的，那就是父母对子女的爱。所以父母真正成功的爱，就是越早让孩子作为一个独立的个体从你的生命中分离出去，你的教育就越成功。”

距离和独立是一种人格的尊重，这种尊重在最亲近的人中间也该保有。所以，父母与孩子之间，也需要距离来润滑和调节。

一位精力充沛的德国父亲，常常在孩子伯尔面前提到中国，后来，伯尔真的来到中国，研究中国历史和文化。伯尔非常感谢父亲的教育，为了让孩子们充满好奇心，他每个月都会带着孩子们去爬山。

来到中国后，伯尔也经常爬山，常常能看到中国父母带着孩子爬山。但他的爬山方式和中国父母是完全不同的，中国父母大多是手牵手地领着孩子，要么抱着孩子，而伯尔和 6 岁的儿子、4 岁的女儿去爬山时，他总是走在最前面，大步流星，就像和孩子比赛一样。

儿女自然没有他爬得快，被远远地落在后面。

也许你会担心：孩子摔下山去怎么办？孩子磕坏了怎么办？孩子走丢了怎么办？世界上所有的母亲都是一样的，伯尔的妻子也总是担心这些问题。

所以，最初爬山时，她走得很慢，为的是和孩子做伴。伯尔不同意她的做法，讨论几次之后，伯尔说，如果妻子要和孩子待在一起，就干脆留在家里，不要去了。

由于伯尔的坚持，最后，妻子同意了。之后爬山，她虽然仍频繁地往后看，但始终和伯尔走在前面。

其实，伯尔也在偷偷地回头观察孩子们的一举一动，只不过尽量不让他们发现而已。

伯尔这样做，就是要孩子独立、坚强，学会自己面对外面的世界。老鹰教孩子们飞翔，它不会等小鹰“翅膀硬了”才开始，而是叼着还很孱弱的孩子飞到高空，松口让孩子掉下山崖。如果孩子们自己不努力挥动翅膀，就会摔死。千百年来，鹰族一直保持着这样冷酷的训练方式，事实证明，这样的“教育”对小鹰们的成长是极为有利的。

伯尔在行动上与孩子保持距离，让孩子看到目标，找到前进的方向；而老鹰则在情感上也保持和孩子的距离，让他们身陷危境，必须努力寻求自保。这两种距离，都是在告诉父母，保持距离是让孩子成长的必需步骤。父母对孩子的爱没有尽头，如果把所有的爱都表现在为孩子做事情上，孩子确实得到了眼前的舒适，却失去了学习、进步的机会。

社会千变万化，只有强者才能适应各种环境，临危不乱、应对自如。要让孩子成为强者，就从大步流星地将孩子落在身后开始吧！首先，要相信他可以长成一个落落大方的孩子；其次，放开手脚让孩子独立地成长，让他面对差距和困难，找到自己的努力方向。

父母要记住，距离和独立是一种对人格的尊重，这种尊重即使在最亲近的人中间，也应该保有。稍微留一点分寸，得到的往往是海阔天空！而一旦没有了这种距离，这种尊重，越过了这个尺度，就产生了隐患，离疏远甚至崩溃就不远了。因此父母要本着平等和理性的态度去尊重孩子，母子之间留一点分寸，有一点余地。这才是对孩子真正的高质量的爱。

放纵型溺爱，最懒惰的爱

一对夫妇中年得子，对儿子是百般疼爱，从来什么都是依着他，他要什么就给什么。儿子是个比较内向的男孩，平时不爱和人交往，学习成绩也是普普通通。高中毕业之后，儿子没有考上大学，父母就将他送入一所私立大学读书。就在儿子读书期间，夫妻两个人每 2 个星期都要到儿子的学校去看望他，生怕他有什么不适应。

大学毕业之后，父母并不鼓励儿子主动去找工作，他们对儿子说："你是大学毕业生，可以找一份好点的工作。"意思是不让儿子出去受苦受累。于是儿子也是很心安理得地在家里过了2年，但是什么工作都没有找到。后来父亲不得已帮儿子找了一份很普通的工作，儿子上班不到1个月就回来了，说是不适应，而这一回来，就在家里待了4年，这4年中不出家门一步。

看到儿子这样，做父母的十分担心，但还是一味地由着他，可是老两口一把年纪，这么下去，儿子以后怎么办呢？父亲为此渐渐变得不爱说话了，心中的压抑堆积了起来，最后得了忧郁症。父亲住院了，儿子也不去看望，而母亲不得不在照顾了丈夫之后又回家给儿子做饭。

这是一个真实的故事，可以说，儿子能走到今天，都是父母放纵溺爱的结果。这样的男孩，如此自闭、冷漠、寡情、无能，几乎等于一个废人，更谈不上是什么男子汉了。这是孩子的悲剧，更是父母的悲哀。

溺爱看起来最富有牺牲精神，但其实也是最懒惰的爱。其中最最懒惰的就是放纵型的溺爱，因为这样做的父母放弃了思考，而让没有什么自控能力的孩子去发号施令。对孩子来说，他小的时候也许会觉得父母对他很好，但当他逐渐长大，有了自己独立的思想之后，他会觉得父母的干涉是对他的一种禁锢，他想冲破这道禁锢，于是矛盾就不可避免地产生了。而如果他的独立意识已被磨灭的话，这对孩子就是更致命的伤害。就像上文中的儿子一样，毫无独立意识的孩子会过度依赖父母，对困难畏首畏尾，对生活也缺少热情。于是，懒惰的溺爱造就了懒惰的孩子，懒惰的生命。

所以，教育孩子，最忌讳的就是溺爱。一个在溺爱环境中长大的孩子，别指望他将来会有出息。对孩子的爱，只能放在心里，表现出来的，该狠还是要狠一点。不要放纵孩子，对他的要求全部给予满足，而要舍得让孩子吃一点苦头。以孩子为中心，一味地放纵溺爱，是不利于孩子身心健康的，对他们的成长极为有害。

一般来说，在家庭当中，父母放纵地溺爱孩子，最典型的表现有以下几种：

其一，对孩子给予“特殊待遇”，使孩子滋生优越感。

有很多父母由于孩子是家里的独生子，让孩子在家里的地位高人一等，处处都会受到特殊照顾。这样的孩子必然是“恃宠而骄”，变得自私没有同情心，不会关心他人。

其二，对孩子的各种要求“无条件满足”。

有的父母对孩子的各种要求总是无原则地满足，孩子要什么就给什么。有的父母觉得“再穷不能穷孩子”，即便是自己省吃俭用，也要满足孩子的无理要求。这样长大的孩子必然养成不珍惜物品，讲究物质享受，浪费金钱和不体贴他人的坏性格，而且毫无忍耐和吃苦精神。

其三，对孩子过分保护。

有的父母为了孩子的“绝对安全”，不让孩子走出家门，也不许他和别的小朋友玩。更有甚者，变成了孩子的“小尾巴”，步步紧跟，含在嘴里怕化了，吐出来怕飞走。这样养大的孩子一定会变得胆小无能，丧失自信，养成依赖心理，或者是在家里横行霸道，到外面胆小如鼠，造成严重的性格缺陷。

其四，袒护孩子所犯的错误，成为“护犊子”。

当孩子犯了错误的时候，父母总是视而不见，反而说：“不要管太严，孩子还小呢。”有时候爷爷奶奶还会站出来说话：“不要教得太急，他长大之后自然会好了。”这样环境长大的孩子全无是非观念，长大之后很容易造成性格的扭曲。

为了孩子的健康成长，父母要给予他充分的爱，但是不可以一味地迁就孩子，这样培养出来的孩子将来会出现很多问题：缺少远大的理想，缺少是非观念，缺少良好的习惯，缺少挫折教育，等等，直接影响孩子的未来。

苏联著名教育学家马卡连柯警告说：“父母对自己的子女爱得不够，子女就会感到痛苦，但是过分溺爱虽然是一种伟大的感情，却会使子女遭到毁灭。”如果父母无视这种警告，一意孤行地认为只要尽力满足孩子的一切需要，就能保证孩子幸福健康地成长。那么，这种教育方式势必会影响孩子在各个方面的发展，让孩子失去竞争力，甚至使孩子养成各种不良性格。

疼爱孩子是父母的天性，但是如果疼爱得过了头，那就要变成溺爱了，溺爱只会害了孩子。作为父母，千万不要让你懒惰的放纵型溺爱害了孩子。

自我“牺牲”换不来孩子辉煌的未来

我是一位63岁的农民，今天我给你们写信，是想说说我的家事。虽说家丑不可外扬，但这些事憋在心里好长时间了，最近总感到心口疼。

我儿子是一名大学生，也是我们家五代人唯一考出的大学生，这是我老两口的骄傲啊！但因为这个不争气的东西我们也伤透了心。

记得儿子刚考上大学时，我去学校送他。下了火车后，我扛着笨重的行李走在前，儿子跟在后。本来就因为坐了一夜的火车，再加上上了点年纪，刚到学校门口，就被大门前一根铁条绊倒了。我重重地摔倒在地上，行李扔出了老远，一只鞋也甩掉了。儿子向四周看了看，像怕什么似的拉住我的胳膊猛地用力拽了一下说：“干什么啊，丢不丢人！”尽管我的双腿摔得很疼，但还是得很快爬起来，捡起鞋穿上继续去背行李。把儿子安顿好后，我忙着又是挂蚊帐，又是买日用品，这一切似乎在儿子眼里都是天经地义的。

第一学期儿子一共来了3次电话，每次都是要钱。我和老伴儿种着3亩地，抽空我就到村里的砖厂去做工。开始人家说我老，不肯收，我几乎给人家跪下了，人家可怜我才让干的。小闺女16岁了，初中毕业后上不起学给人家当了保姆，挣的钱交给我后，我一分舍不得用，全寄给了儿子。甚至有一段时间老伴儿的眼睛肿得厉害，疼得一个劲儿流泪，都舍不得花钱买一瓶眼药水啊！

为了能多挣点钱，老伴儿又在村子里找了一份看孩子的差事。给人家抱一天孩子只挣5元钱，没日没夜的。去年冬天，儿子电话打得特别勤，每次都是要钱。我寄了4次有6000多元，我不知道现在上学就得这么多钱。后来才听村里去打工的一个小伙子回来说，他见到我儿子了，正谈着恋爱，很潇洒。说真的，我和老伴儿听了后不知是该气还是该高兴。然而最可气的是今年过年儿子回来时，那不争气的东西，居然偷改了学校的收费通知，虚报学费。这之前我只是在报上看到过这种事，没想到会发生在我身上。如今好几个月过去了，我一想起这事就心痛，整夜睡不着觉。我不明白，我们亲手抚养大的儿子好不容易考上大学，为什么会变成这样，不知他们在大学里除了学习文化外，还能否学到要有良心？

这是一篇刊登在《新华每日电讯》上面的文章。这对可怜的父母，几乎牺牲了自己的一切去讨好儿子，得到的却是这样的回报。相信看了这篇文章的父母们都感到痛心疾首，可怜天下父母心，怎么会养出这样一个不孝子！同时，我们也能猜到，这样一个毫无感恩之心，虚荣自私的孩子，是很难有光明的前途的。他将为自己的“小聪明”付出很大的代价。但反思一下，不难发现，恰恰是因为父母的完全“牺牲”，孩子才养成现今这种虚荣自私的品性，所以，自我“牺牲”不仅换不来孩子辉煌的未来，甚至会造成孩子品性的恶劣和前途的渺茫。

苏联教育家马卡连柯曾说，一切都让给孩子，为他牺牲一切，甚至牺牲自己的幸福，恰恰是送给儿童的最可怕的“礼物”。

但是，家庭对绝大部分女性来说，往往意味着“牺牲”，至少要牺牲很多的个人时间和空间，去处理家庭的琐事，例如孩子不肯睡觉了，老人生病了，亲戚串门了，等等，不得不推掉很多的同学聚会、健身课程和个人爱好。一个家的确需要一个凡事都操心的人，这样家里才有主心骨，才能团结在一起。但是这个主心骨就一定要什么事情都做好，抛开自己的一切吗？

有一位成功的职业女性，结婚生子后，毅然放弃自己的工作，安心在家相夫教子。但是很快问题就出来了，一方面是教育孩子没有她想的那么顺利，总是问题不断，小孩生病，读书不好，对人没有礼貌等，这一切在她的公婆看来，都是因为她教子无方；另一方面，她觉得自己离以前的那帮姐妹越来越远了，她很久不去做美容，也没有心情购物，整个人的情绪坏到了极点。

后来她去咨询心理医生，心理医生说：“你需要一份工作，或者是一个爱好来疗伤。”

的确，百分之百将自己牺牲在家务当中，不仅不能达到照顾家庭的理想效果，还会给自己制造伤口。如果家庭中产生不愉快，父母们很自然会把原因归结到自己的无能上，渐渐增加了负罪感和挫败感。而一个爱好，或者一份工作能让父母们重新找回自信和乐趣。

为什么说牺牲自我对家庭的好意未必见效？我们想一想，牺牲自我的父母们往往把孩子的事情都揽在自己身上，小到系鞋带，大到他交了怎样的朋友、将来读什么大学等，事事都要关心。这样做的结果，往往是孩子不知道父母为自己做了多少事情，或者就算是知道了，也觉得理所当然，少了感恩之心。长此以往，孩子不知不觉中学会了自私自利。

爱孩子并不意味着“牺牲”自己，给孩子越多爱不代表对他越好，为了孩子健康成长，为了家庭幸福美满，父母要学会适度从家庭孩子中抽身出来。对很多父母们来说，要从家庭抽身回到职场的角色稍显困难，但我们可以培养一个自己的爱好，或者养花种草，或者养养宠物等。将自己的精力和情感分散开来，这样我们的内心才能达到平衡的状态。孩子、家庭和自己，每一个都能好好兼顾过来。

父母对孩子畸形的爱，成为孩子自私的源泉

苏联当代著名教育家苏霍姆林斯基曾说，“在没有明智的家庭教育的地方，父母对孩子的爱只能使孩子畸形发展。这种变态的爱有许多种，其中主要的有：娇纵的爱，专横的爱，赎买式的爱。”

现在，很多父母“先孩子之忧而忧，后孩子之乐而乐”，他们节衣缩食，看着孩子吃好的穿好的玩得痛快，父母比自己享受还要陶醉。

可是这些父母没有意识到，他们在为孩子无条件付出的同时，也使孩子养成了自私、任性、骄横、懒惰、狭隘、霸道、缺乏责任心、缺乏爱心和同情心、不关心他人等不良品行。

一个偏远山村一个农民的宝贝女儿考上了某重点大学。这个喜讯让全村都轰动了。

贫穷老实的父母咬紧了牙关，才凑齐了近万元的学费。虽然老两口每日劳累，可是他们的内心却很欣慰，毕竟一切等女儿毕业就好了。

谁知不久就接到女儿的信：“要买学习资料，速筹2000元寄来。”

父亲为了给女儿凑学费，已经家徒四壁，负债累累，根本就拿不出这么多钱给宝贝女儿——他只能做一件事情，那就是到城里的血站去卖血。

当老汉把借来的和自己卖血换来的2000元寄走后，他的心放下了，终于能让女儿踏实地学习了。

可他哪里知道，这次要钱还仅仅是个开始。

女儿要钱都是有用处的，再苦再难父亲也得支持。家里是一分钱也拿不出了，只能靠卖血来供养女儿读书了。

忠厚的父亲用别人的身份证托人办下了七个献血证。每个星期都要卖两次血，才能供得上女儿的消费。

4年里，老汉共卖血获得75500元，老汉为女儿所卖掉的血，用一个大汽油桶还装不完。

好不容易女儿毕业了，父亲心想，终于可以松口气了。不想，女儿在城里找到了工作，就再也没有和家里联系过。这让老汉十分牵挂。

一天，衣衫褴褛的老父亲千里迢迢来到了女儿的工作单位，探望许久没回家的女儿。

不想，老汉刚在女儿公司门口露面，女儿就把父亲推到了远处，还埋怨他怎么不穿好点，这么寒酸，太让自己没有面子了。

埋怨完父亲，女儿很不耐烦地从口袋里掏出200元钱递给了父亲，让他搭乘当天的火车回去，并告诫他没事别来找自己，对自己以后的发展不好。

老父亲接过钱的一刹那，几乎要昏过去……

看了这个故事，或许你也会为文中的“老父亲”心酸。然而，这位“女儿”的做法不是没有缘由的，父亲过度的爱、毫无原则与分寸的纵容，是造成“女儿”如此绝情地根源。

有的父母疼爱孩子，家里有什么好吃的东西都只给他一人吃。时间长了，在孩子的思想上形成了一个定式：好的东西只能由我享用。

有一个三口家庭吃饭时，孩子总是把自己喜欢的菜拉到自己面前，恨不得一个人全部吃掉。

妈妈随着孩子，也专门把孩子爱吃的菜放到他面前，自己干瞅着不吃。孩子吃独食看起来是小事情，但是小事情却会产生大问题，这可是这位妈妈没有想到的事情。

孩子吃惯了独食，有东西只想一个人吃，玩具也只能自己一个人玩，自私自利思想由此产生。

一位母亲平时总是把削去皮的苹果给女儿吃，自己却吃苹果皮。一次当她尝了一口苹果时，3 岁的女儿竟声色俱厉地吼道：“你怎么吃苹果！吐出来！”这位妈妈声泪俱下：“她那么小，就这样对待我……”

孩子如此对待妈妈，确实可怕。但问题的起源在于妈妈的权利丧失，甘愿为子女当马牛，直接导致家庭教育失败，导致了孩子自私、任性而且霸道的性格。

由于许多父母没有认识到孩子吃独食的危害，觉得吃独食没什么大不了的，其实孩子吃独食的后果很严重。

一项调查表明，当今的中小学生明显表现为自私和责任心差，他们以自我为中心，而对父母缺乏应有的关心。调查发现，有 27.8%的中小学生不知道父母的爱好，有 100%的中小学生知道自己的生日，而有 33.3%的中小学生不知道父母的生日。他们把父母为自己的付出看作是天经地义、理所当然的事情，进而体会不到父母养育他们的艰辛。

父母“有了孩子，没了自己”，到头来换来的却是孩子心中“只有自己，没有父母”。

抚养出这样的孩子，做父母的难道不痛心吗？然而这又是父母自身的过错造成的恶果。

我国教育家刘绍禹曾经说过：“不要太关心儿童。……太关心了容易养成孩子的自我中心心理，结果变成自私自利的人。”

孩子的自私自利并不是天生的，很多是随着父母畸形的爱滋生出来的。父母们，请反思一下你的爱，不要让你畸形的爱，成为孩子自私的源泉。

不能迁就孩子的无理要求

“妈妈，我今天要吃肯德基。”

“今天妈妈很累，咱们在家吃饭吧。”

“不行，我就要吃肯德基。”

吃完饭回家的路上，孩子说：“妈妈我走不动了，你背我。”

“马上就到家了，自己走吧。”

“不，我就要你背。”

孩子的任性、无理取闹往往让家长很头疼，可还是有不少父母会选择迁就孩子无理的要求。

“我们的童年过得很艰辛，再不能让孩子经受我们已受过的那些磨难了。”

“现在条件好多了，只有一个孩子，因此，无论如何不能让孩子吃苦受累。”

“算了，他还是个孩子。”

……

正是出于这种心理，溺爱孩子已然成为当今社会的普遍现象。可是常言道："严是爱，惯是坏，不管不教要变坏。"如果家长对孩子没有合理的管教，孩子就很容易养成霸道、自我的坏毛病。

如果家长对孩子没有要求，一味地迁就，百依百顺，满足孩子的一切要求，把孩子当成全家的中心，让长辈围绕孩子转，那么孩子就有可能会成为一个唯我独尊、任性、为所欲为的人。

苏联著名教育学家马卡连柯警告说："父母对自己的子女爱得不够，子女就会感到痛苦，但是过分溺爱却会使子女遭到毁灭。"如果家长无视这种警告，一意孤行地认为只要尽力把孩子的生活道路铺得平平顺顺的，就能保证他们将来幸福健康地成长，势必会影响孩子在各个方面的发展，让他们长大后在社会中失去竞争力。

法国启蒙主义思想家卢梭说过："幼儿时期是成长中的最主要时期。"调查发现，那些喜欢提出无理要求的孩子意识中的是非观念、道德观念都不是很强，总是喜欢按自己心里想的来，这就需要父母去帮助他们纠正一些不好的观念和行为。如果父母不懂得拒绝孩子的无理要求，选择去迁就他们，无疑就失去了这个教育孩子的最好契机。随着孩子的逐渐长大，是非观念和道德观念逐渐定型，这时候要去纠正恐怕就比较费劲了。

因此，对于孩子无理的要求，父母要果断拒绝，比如孩子看到其他小朋友的汽车模型很漂亮，非要让父母也给他买一个；吃饭的时候看到自己喜欢吃的东西就拿到自己面前，不给其他人吃；吵着闹着非要在吃饭的时候吃冰激凌；等等。对于这些无理的要求，家长是坚决不能迁就的。当然。不迁就的方式有很多种，父母应该谨慎选择。当孩子提出不合理要求的时候，家长不要说教，更不要打骂，正确的做法是对孩子讲清楚不能这样做的缘由，然后温和地加以拒绝。当然，这时候孩子免不了要撒娇，但不管孩子哭的声音有多大、赖得有多厉害，家长在一旁只要耐心等待孩子的情绪平复就好，不要被孩子的情绪所“折服”。

寻找疼爱与规训之间的平衡

人们很长时间以来就知道，一个不被喜爱、触摸和抚慰的婴儿常常死于一种奇怪的疾病，这种疾病最开始被称为“消瘦”。他们会了无生机地在迎来第一个生日之前便死去。这种感情需求的证据在公元 13 世纪就已被发现了，当时弗里德里克二世用 50 个婴儿做了个实验。

他想知道，如果婴儿永远没有机会听到口头语言，他们会说什么语言。为了弄明白这个没有定论的研究主题，他指派养母们给孩子们洗澡，喂他们奶吃，但是禁止她们爱抚、轻拍和与她们照看的孩子说话。

这个实验戏剧性地失败了，因为 50 个婴儿全部死了。上百个更近一些的研究表明，生命的第一年中母亲和孩子的关系对婴儿的成活来说是至关重要的。

疼爱的缺乏对孩子的影响是可以预料的，但是过度的爱或“超级的爱”也对孩子有危害，这一点却并没有得到充分的认识。有些孩子被爱或以爱的名义出现的东西给毁了。有些人在他们的舞台上非常过分地以孩子为转移，他们把自己所有的希望、梦想、期待和抱负都倾注到孩子身上。这种哲学的自然顶点就是对下一代的过分保护。

一位紧张的母亲说她的孩子是她生活中唯一的快乐源泉，在长长的夏日里，她的大部分时间都坐在房间的窗户前，看她三个女儿玩耍。她担心她们可能会受伤或需要她帮助，或者她们可能会骑自行车到街上去。

尽管她丈夫有强烈的怨言，她还是牺牲了她对家庭的其他责任。她没有时间做饭或打扫房间，在窗前看管孩子的任务是她唯一的生活。她被她深爱的孩子可能受到伤害的危险所带来的恐惧紧张折磨着。

童年时期的疾病或突然而来的危险，对于很爱孩子的父母来说总是难以忍受的，但是对于过分保护孩子的妈妈或爸爸来说，哪怕是最轻微的威胁也能产生难以承受的焦虑。不幸的是，父母并不是唯一受罪的人，孩子经常也是这种焦虑的牺牲品。他或她得不到允许去经历合理的危险——一种作为成长和发展的必要序幕的冒险。

同样，对孩子们的任何要求不能拒绝的家庭中，前面所描述的物质问题往往会发展到最严重的程度。孩子情感长期不成熟，是父母过分保护的又一个常见的后果。

在控制孩子的极端家庭中父亲和母亲通常都遵循一种相似的模式，父亲是一个非常忙的人，他深深地陷在工作之中。他从早到晚都不在家，而当他终于回来的时候，他带回家一个装满工作的公事包。他可能经常出差。当他偶尔在家并且不工作的时候，他总是精疲力竭地倒在电视机前看棒球比赛，他不想被打扰。因此，他管理孩子的方式是严厉而冷漠无情的。他时常发脾气，孩子们都知道要与他保持距离。

相反，妈妈则对孩子顺从得多。她的家庭和她的孩子就是她快乐的源泉。事实上，这已经取代了那些从她的婚姻中消失的浪漫火花，她为爸爸对孩子们缺少感情和温柔而担心，她觉得她应该通过向另一个方向倾斜来弥补他的严厉。当他不让孩子们吃晚饭就叫他们上床睡觉时，她偷偷地塞给他们牛奶和饼干。由于她是爸爸不在时唯一的权威，因此在家中居支配地位的旋律是不成章法的宽容。她太需要这些孩子们了，以至于不愿冒险去控制他们。

这样，两个家长权威的象征是相互矛盾的，孩子被夹在他们中间。孩子对任何一个家长都不尊敬，因为一个会破坏另一个的权威。这种自我毁灭的权威形式经常会埋下一颗反叛的定时炸弹，它会在青春期引爆。大家所知道的最不友善、最野蛮的孩子就是从这种极端相结合的家庭中产生的。

如果我们想培养出健康、负责任的孩子，就必须寻求疼爱和控制的“中间地带。”

当你被孩子的反叛挑衅时，要取得决定性的胜利。当孩子问“谁说了算”时要告诉他答案。当他咕哝着抱怨“谁爱我”时，让他投入你的臂膀之中，用感情将他包围。

尊敬孩子，不要伤害他的尊严，并希望从他那里得到相同的东西。这样，你就可以开始享受到有权威的父母地位所带来的令人陶醉的好处了。

第三章

父母不吼不叫，孩子才会不吵不闹

用温和的态度来对待孩子

父母对孩子的态度非常重要，这会直接影响到孩子对自己的看法、孩子的智力及能力发展，甚至会影响到孩子的行为及道德发展。可惜大多数的父母都意识不到这些，他们觉得自己的态度和孩子的发展没有必然联系。

但实际上，孩子的各种行为都会受到父母态度的影响，甚至孩子的一些品质也都会受到父母态度的影响。

曾经有一位教育专家说过："提到才智，那么评价就等于成就。"父母对待孩子的态度对孩子的能力形成往往会有巨大的影响。如果父母认为自己的孩子很优秀，那么孩子也会积极地朝着优秀的方向努力。

兵兵上小学的时候成绩优异，这让爸爸妈妈引以为荣。但是自从他上了初中之后，可能是有一些不适应，学习成绩就不如从前了。

自从兵兵学习成绩下降之后，家里就充满了火药味，爸爸妈妈对他的退步感到十分不安，有时难免在话语中透露出焦急。为了帮助兵兵赶快提高成绩，妈妈到处打探哪里的补习班好，然后为兵兵报名学习，一个学期下来，花掉了好几千元，但是兵兵的成绩却不见有什么长进。眼瞅着兵兵成绩一路走下坡路，爸爸妈妈对兵兵说话也开始刻薄起来。

“看看人家怎么这么好命，不花一分钱，孩子照样考前几名，我怎么就生了这么笨的孩子，花多少钱也换不来好成绩。”妈妈有时会这样抱怨。

“看看人家孩子多好命，爸爸妈妈不是厂长就是干部，我怎么这么倒霉，投胎到这么普通的家庭。”兵兵显然不买妈妈的账，开始顶嘴。不过，听兵兵这么一说，妈妈也是哑口无言。

爸爸妈妈对兵兵的这种尖酸态度，让兵兵很不满意，也很寒心。他觉得没有了爸爸妈妈的鼓励，也失去了上进的动力。

其实，父母对孩子的态度不仅会影响到孩子的智力发展和学习，还会影响到孩子能力和人格的发展，比如说孩子的社会适应能力、人际交往能力、自主能力、独立能力等。人的这些能力是在童年时代奠定基础的，父母对待孩子的态度，对孩子在这些方面能力的形成有巨大影响。

父母是用温和的态度鼓励孩子去和其他孩子交往，还是限制孩子的交往？是有意让孩子在某种环境受到挫折，得到锻炼，还是害怕孩子受到挫折，把孩子保护起来？当孩子受到挫折是帮助、鼓励孩子，还是讽刺、嘲笑孩子，甚至让孩子在挫折面前逃避？这都将对孩子造成重大的影响。

苏晴的父母都是心理学专家，他们深知父母的态度对孩子成长的影响，因此在教育孩子的过程中很注重自己的态度。

每次苏晴犯了错误，惴惴不安的时候，她的妈妈总是先安慰她，然后很温和地给她陈述事情的利害关系。父亲也积极地帮助苏晴改正错误。

今年苏晴被评为市级三好学生，老师在开家长会的时候，请苏晴来给全班的同学做一个演讲。站在讲台上的苏晴说："现在的我能成为一个优秀的高中生，我觉得除了老师的辛勤培养，我更需要感谢爸爸妈妈的培养，不管是我有意无意犯了严重的错误时，还是我胆小怕事需要人鼓励时，他们总是用一种温和的态度对待我，从来不曾大声训斥我。这给了我自信，也给了我温和的性格。"

很多家庭教育方面的专家都发现，如果父母对孩子持有消极、粗暴的态度，就可能造成孩子的行为向不良或不健康的方面发展。反之，如果父母对孩子持有积极、温和的态度，就会使得孩子的行为向良好、健康的方面发展。

只有在父母温和、细心的鼓励和帮助下，孩子才能建立起较好的自我评价和自我意向，建立起自信心，从而很好地发展出自主能力、独立能力和其他社会能力，为一生奠定良好的基础。

这种温和的态度对孩子的影响在孩子犯了错误的时候最为重要，一般而言，当发现孩子犯了错时，父母如果能注意控制自己的情绪，从孩子的角度出发，用温和的态度对孩子讲清楚问题的后果，让孩子认识到自己的错误，孩子就会积极主动地去改正错误。

很多父母也想用温和的态度对待孩子，但往往控制不住自己的情绪。那父母要怎么样才能控制好自己的情绪呢？

做孩子健康积极的情绪启蒙老师

楠楠是个刚满月的女婴，她长得白白胖胖，但却额头突出，下巴翘起，三角眼显得越发凹进去，这张脸如果是个男生脸的话还勉强能凑合，但安在一个女孩身上实在是有些不美。由于长得丑，楠楠并不像其他婴儿一样受到大人的喜欢和疼爱，没什么人愿意逗她，也没什么人喜欢抱她，甚至她自己的爸爸妈妈也经常对着她唉声叹气：“咱家孩子怎么那么丑呢？”在她面前，充满爱意的笑脸是极其少见的，而经常是些或许讶异、或许蔑视、或许嘲弄的表情，而楠楠也越来越少出现笑脸，即使有人逗她，她也经常只是呆呆地观察着对方，而不轻易做出反应。对于一些不太友善的表情，她经常一眼就能够看穿，并用哭声表达害怕。

孩子的观察力是极其惊人的。他往往能直觉地察觉到对方的情绪变化和心理真实感情，而对方的情绪也会直接作用到孩子的情绪上。像楠楠一样，如果别人看到她时带有厌恶等负面情绪，她的情绪也会比较低落，婴儿是不会敷衍地挤出笑脸的。看来，孩子的情绪是深受大人影响的，妈妈一定要从一开始就注意做好孩子健康积极的情绪启蒙老师，不仅自己要保持良好的情绪，对待孩子时更要有好的情绪。因为，妈妈是孩子最亲密的人，她对孩子情绪的影响最大，这样的影响从怀孕时期就开始了。

胎儿在妈妈的肚子里，能听见的声音都来自妈妈：妈妈说话的声音；心脏的跳动声；气管的呼吸声；血液流动声；以及吞咽口水的声音等。如果胎儿在妈妈肚子里透过羊水听见的都是和缓、轻盈、愉悦的声音，那么他出生后，就会有个健康开朗的好情绪。反之，孩子就容易有一个消极灰色的情绪。

当小宝贝来到这个世界之后，他最熟悉的气味和声音自然还是妈妈，而他对情绪的种种敏感反应也源自妈妈。别以为小婴儿不懂得感受，其实不然，他完全懂得，只是不会表达。例如，当妈妈给孩子喂奶时，不管是母乳喂养或奶瓶喂养，宝宝的小脸蛋贴着妈妈的胸膛，一面吸奶，一面听着妈妈的心跳、呼吸、血液流动声。这是他最熟悉的声音和气味，所以他安全地吸着，并沉沉地睡着。

可如果在喂奶时，妈妈心里还在为刚才的不愉快生着气，心脏怦怦地跳；呼吸急促地响着；血液哗哗地流着，身体还释放着高亢肾上腺素的气味。此时小宝宝贴着妈妈的胸膛，小小的耳朵捕捉了所有的声音和情绪，他发觉不一样了，知道妈妈生气了，他很害怕，很不安全，所以紧张的他不能再好好地消化乳汁，也不愿安静地躺在怀里继续听着让他害怕的声音。于是，他不安地哇哇大哭。

宝宝慢慢长大后，他对妈妈情绪的捕捉已不再限于气味和声音，他学会了察言观色，他喜欢妈妈温柔的笑脸，害怕妈妈严峻的眼神，他知道妈妈高兴了，也知道妈妈生气了。他通过妈妈的脸部表情、肌肉收缩、声音气味，来辨识妈妈的情绪，并且对这些情绪做出反应。如果妈妈开心的时候，他会跟着妈妈哈哈大笑，因为自己把妈妈逗乐而感到更加兴奋和欢乐；当妈妈不快的时候，孩子会感到不安；妈妈流露出悲哀神情时，孩子也会随之变得忧郁起来。

所以，妈妈，不是爸爸，也不是爷爷奶奶或外公外婆，是孩子最初情绪的启蒙老师。孩子透过妈妈来探索世界，也学习妈妈怎样去表达情绪。如果妈妈希望孩子有个健康积极的情绪，除了自己要有个健康积极的情绪之外，在对孩子表现出任何情绪的时候，都要小心。

孩子的良好情绪，来自父母稳定的情绪

莎莎是一个胆子很小的姑娘，她从小生活在爷爷奶奶身边，爷爷奶奶对她呵护有加，关爱备至。那时的莎莎性格活泼，常常逗得爷爷奶奶哈哈大笑。

莎莎 6 岁的时候回到父母身边生活，妈妈脾气比较暴躁，莎莎在她面前经常吓得什么都不敢说，不敢做。

一天，家里来了客人，妈妈让莎莎给客人倒水，一不小心，茶杯摔在了地上，妈妈当着客人的面劈头盖脸地骂道：“你真是个

笨猪！”生性敏感的莎莎羞愧得无地自容，眼泪大滴大滴地往下掉。当天晚上，莎莎做了一个噩梦，梦见妈妈恶狠狠地用眼睛瞪着她，并用手指着她的鼻子大骂。从那以后，莎莎只要看到妈妈就紧张，越紧张越是出错，每当这时，妈妈都毫不留情地对她加以训斥。莎莎最后患了恐惧症，每天晚上都做噩梦，一点风吹草动都紧张得不行。

莎莎的妈妈是爱她的，这一点毋庸置疑，但是她无法控制自己的情绪，常常以粗暴的打骂来发泄情绪。生活在这样的家庭中的孩子，他们一般是在父母阴晴不定、时好时坏的情绪中惴惴度日。父母不高兴的时候，可能毫无原因地就对他们大发雷霆，高兴的时候，又可能对他们有求必应。在这样反复无常的生活中，孩子变得敏感多疑，时刻生活在对父母脸色的察觉之中，于是，他们最早学会的是预测父母的态度，在这个察言观色的过程中，他们也学会了犹豫，以此来观察危险信号。

父母在家庭生活中的行为，尤其是情绪，会对孩子的心理健康发育产生重要的影响。研究表明，父母在家中情绪友善平和，接人待物谦虚礼貌，有助于孩子的心理健康发育；而如果父母在家里经常情绪恶劣，则会让孩子经常处于紧张和恐惧之中，对于孩子的心理发育极其不利。

从孩子的心理健康发育角度出发，父母在日常家庭生活中要特别注意情绪控制，谨防孩子因自己的不良情绪而影响正常的心理发育。尤其是妈妈，与孩子相处的时间长、事情杂，更要保持一种积极的情绪。为了孩子的心理健康发育，以下几点情绪控制特别需要父母们注意：

1. 不要在孩子面前吵架动粗

爸爸和妈妈在孩子面前任何的吵架动粗，都会让孩子产生紧张心理和恐惧感。父母经常在孩子面前大吵大闹，会让孩子精神高度紧张，心里滋生不安全的感觉。因而，父母们必须谨记不要或尽量不要在孩子面前吵架动粗。

2. 不要在孩子面前抱怨生活或表露颓废的情绪

父母是孩子的最大靠山，父母对生活的态度直接影响孩子的生活安全感和成长信心。如果父母经常在孩子面前抱怨生活，或者经常表露颓废的情绪，会使孩子过早接触到社会或生活方面的压力，会让孩子心理产生不安全感。对生活怀疑或颓废的生活态度可能会因此伴随孩子的成长，会让孩子身心过早地感受到不该承受的压力。因而，特别需要提醒父母们的是，无论你暂时遇到多大的困难和挫折，为了孩子的健康成长，请一定不要在孩子面前抱怨生活或表露颓废的情绪。

3. 不要在孩子面前责骂或批评他人

有的父母经常毫不避讳地在孩子面前责骂或批评他人，很多父母以为，孩子年幼不懂事，在他们面前责骂或批评他人对孩子没有什么影响。事实上，这不仅是一种非常不好的处世方式，更是一种有害于孩子健康成长的不良教育方式。这样的行为会让孩子对于父母日常的正规教育产生怀疑，也会使孩子因此学到这种不良的处世方式，会扭曲孩子的心灵，使孩子的心理健康受到极大的影响。

4. 不要在孩子面前用偏激的语气来表达对事物的看法

有的父母性格比较极端，对于事物的看法也比较偏激，往往会在孩子面前无所避讳地说一些过激的言语。心理专家认为，父母过激的言语和情绪会让孩子的心理也往偏激的方向转化，会对孩子的性格塑造和心理发育产生不良影响。因而，为了孩子的心理健康发育，不要在孩子面前用偏激的语气来表达对事物的看法。

父母的情绪对孩子成长的影响是深远的，只有情绪稳定的父母才能教育出一个乐观、活泼、开朗的孩子。为了孩子的明天，父母们应该以一种良好的情绪来面对孩子！

允许孩子发发小脾气，孩子才能健康成长

看见自己的孩子在众人面前“脾气发作”，对父母来说是很件难为情的事。一般情况下，当孩子当众有异常表现时，父母首先想的是自己的面子，却很少有人真正地去关心孩子此时的心情与情感需要。

其实，这样做是不对的。作为训练有素的成人，在父母的脑海中有成套的清规戒律，什么样的行为是可以接受的，什么样的行为是不应该发生的。在情感表达上父母也有明确的概念，什么

样的情感是值得赞扬的，什么样的情感是不应该存在的。

而孩子却没有形成这样的概念。比如，孩子在 2 岁左右爱发脾气是一种正常现象。因为这一年龄段的孩子易冲动，自制力差，对挫折的容忍程度是有限的。孩子要到外面玩，父母不允许，为什么不允许，他不明白，有可能就要通过发脾气的方式表达自己的感情。而 4 岁以上的孩子，对挫折有了一定的控制能力，初步明白了一些事理，如果还频频哭闹、经常发脾气，那么其原因大多会在父母身上。

父母应该明白：发脾气是孩子正常的情绪宣泄，要允许孩子发发小脾气，但更要找到孩子发脾气的原因和安抚孩子。

彩彩一向很固执，对自己认准的事情决不回头。如果不如意就发脾气，找理由哭闹，妈妈对此十分头疼，总是提防着她的坏脾气爆发。

妈妈常常对朋友说："我家彩彩一般都很乖，就是脾气一上来，怎么说，怎么劝都不行，真是软硬不吃。"一天一位朋友说："她总是有原因的吧？不会无缘无故就哭闹吧？"

妈妈留心观察，发现彩彩总是在妈妈不耐心或有恼怒表情后开始"发怒"，而且纠缠不清。妈妈翻开一些育儿书来看，其中讲到孩子对归属感的寻求，不禁有些醒悟。也许彩彩看到妈妈生气，会想到妈妈不再爱她，所以有危机感，因恐慌而暴怒。

找到原因就好办了。有一次彩彩又闹起来，这次妈妈没有训斥或表现出厌烦，而是和颜悦色地拥抱着彩彩说："妈妈知道你心里难过，能不能告诉妈妈为什么难过呢？”这样问了一阵，彩彩终于吞吞吐吐地说：“我看你刚才生气，以为你不喜欢我了。”

“傻孩子，妈妈怎么会不喜欢你，刚才妈妈情绪不好，所以对你态度也就不好了。可是妈妈是喜欢你的，你要相信妈妈。”这样以后每当彩彩有迹象要发怒时，妈妈首先向彩彩声明她喜爱彩彩。这的确使彩彩平静了许多，不再没完没了地“找麻烦”了。

孩子脾气发作，不仅严重损伤孩子的情绪和生理状态，而且也使父母狼狈不堪，感到很棘手。所以父母要想方设法制止孩子哭闹、发脾气。怎样制止呢？一定要根据发脾气的原因“对症下药”，方能奏效。

1. 给孩子发脾气的权利：假如孩子正为某事在气头上，要允许他发脾气。父母不妨先坐下，安静地等待孩子，安静地看着孩子，不去打断他的怒气，全神贯注地关注孩子，这等于告诉孩子：你是被我在意的，我在认真地注意你的感觉或问题。给孩子发脾气的权力，有助于孩子宣泄心里不满，也是对孩子关爱的表达。

2. 父母自己不要经常发脾气：当父母火冒三丈时，要注意孩子很可能会模仿这种处理问题的方式。如果父母动辄勃然大怒，又怎能期望孩子控制好情绪呢？因此，为了培养孩子良好的性格，不乱发脾气，父母一定要以身作则，为孩子创设一个良好的家庭环境氛围，让孩子保持积极情绪，学会控制不良情绪的爆发。

3. 转移孩子的注意力和进行松弛训练：孩子生气时，父母除了表示对他的理解和关怀外，还要尽量转移他的注意力，引导他做些愉快的事。对大一些的孩子可通过各种体育活动来达到其精神和身体的放松。有规律的深呼吸也有助于孩子松弛身心。

4. 让孩子有适当发泄的机会：如果孩子的坏脾气已经形成，第一可以采取冷处理方式，在其发脾气时故意忽视不理，让他慢慢冷静下来。第二可以选择适当的方式让他发泄出来。如通过交谈帮助他把怒气宣泄出来，或者让孩子去跑步，或去大声地唱卡拉 OK 等。

孩子的喜怒哀乐等情绪体验是毫无掩饰的，他们敢爱、敢恨、敢说、敢笑，这是孩子心理的一种优势，一种使得孩子能及时宣泄各种情绪能量的优势，他们自然流露这些情绪并不是什么可耻的事情，只要不扰乱别人的正常学习和生活，不伤及别人，就没有什么对和错之分。并且父母要鼓励孩子这样做。父母只有细心地观察孩子，理解孩子，允许孩子自由地表现，在理解的基础上进行引导，才能保证孩子的健康成长。

“打是亲，骂是爱”是最大的谎言

王洋的爸爸脾气有些暴躁，在教育儿子的时候没什么耐心，动不动就会对孩子大吼大叫，但是王洋并没有因此而服从爸爸的管教，反而变得十分叛逆。有一次，王洋又因为在考试中数学成绩很不理想而遭到了爸爸的训斥和教训。

“爸爸，老师说家长也不能随便打人！”在挨打之后，王洋不满地说。

“谁让你不好好学习，不好好表现呢？考试不好就要挨打！”爸爸大声地吼道。

“你这样做是不对的！”王洋有些气愤地说。

“你是我儿子，我就得好好管你！打是亲，骂是爱，我这样做还不是为了你好！别人我还懒得管呢！”

“我不用你管，你越是这样，我就越不听你的！”王洋边说边哭着跑出了家门。

“打是亲，骂是爱”是中国不少家长信奉的教育理念，而且在现实中，不少父母也都是按照这样的理念去教育孩子的。他们信奉“棍棒底下出孝子”，在教育孩子的时候喜欢训斥和打骂，希望孩子记住“前车之鉴”，王洋爸爸就是这样。

可事实上，这种教育方式收效甚微，多数孩子并不会因为父母的打骂而意识到自己的错误，改正不良行为，反而会因此对父母产生不满情绪。很多父母不以为然，总是觉得这是因为给孩子的教训太轻了，所以孩子才没有记住。

殊不知，这是因为孩子受到了“情绪判断优先定律”的影响。所谓“情绪判断优先定律”，是指当人们遇到问题时，通常会情绪先于理性，先处理情绪之后再处理事情。孩子的理智发展还不健全，几乎完全受到“情绪判断优先定律”的控制，当孩子对父母有不满情绪之后，通常会先记住当时的“恐惧”，而忘了对错误的判断与反省，同时还会因为父母的不理解和不尊重而厌恶父母。这就是很多孩子“屡教不改”的真实原因。

其实，仔细分析这种打骂教育，是存在着很大纰漏的。从表面上看，打骂可以使孩子暂时克制自己不正确的欲望和控制不正确的行为，但是，却并不能从根本上解决问题。弄不好还可能使孩子养成说谎的毛病，变得阳奉阴违。同时，打骂会侵犯孩子人格并扼杀孩子个性，还容易使孩子丧失自尊心，变得逆来顺受、畏首畏尾。虽然随着孩子年龄的增长，已看不见他们身体上挨打的伤痕，但他们的内心会仍然保留着幼年时挨打的痕迹，这些痕迹会造成孩子不自信、缺乏安全感等后遗症，对孩子的个性发展和人生发展都会产生消极影响。

《白鹿原》是陕西作家陈忠实一部家喻户晓的小说，他正是凭借这本小说获得了第四届茅盾文学奖。在这部小说里，他塑造了许多具有时代意义的鲜明的人物形象。其中，黑娃作为一个反面人物，让人印象深刻。

他是地主白嘉轩的管家鹿三的儿子，白嘉轩对这个管家的儿子十分爱护，要求严格，当他犯了错误时，就跟教育自己家的孩子一样，总是严厉地斥责并打骂，希望他由此改过。可是，多年以后，这个在白嘉轩打骂下成长起来的孩子做了土匪，回到村子以后，第一件事就是打断了白嘉轩的腰。

“我恨你从小就挺着腰板教训我。”黑娃对白嘉轩说道。

“那是你嘉轩叔爱你，恨铁不成钢！”鹿三哭着对黑娃说。

可是，黑娃还是一枪杆子打断了白嘉轩的腰杆子。

无数事实证明，“打是亲，骂是爱”是最大的谎言，暴力教育从来就不会让孩子变得顺从，也不会让他变得聪明和懂事，可能还会招致对父母的怨恨。聪明的父母，在教育孩子的时候一定会懂得“先处理情绪，后处理事情”。他们会试着先体谅孩子的感情，宽容和安慰孩子，处理好他的情绪，使他处于良好的情绪状态下，然后再想办法教育和引导，也只有这样孩子才会信服和接受。

教育孩子只能说服，不能压服，只能用爱交换爱，用信任交换信任。打骂教育，是一种畸形的家庭教育方式，在现代的家庭中，应该避免出现。

不是孩子没主见，而是家长太强势

很多父母都有过这样无可奈何的时刻：

“今晚我们吃什么？”“随便！”

“这两件你喜欢哪一件？”“随便！”

“周末李阿姨要把弟弟寄放在我们家，你看着点儿他。”“随便！”

不管说什么，孩子都是一句“随便”。

也许，下面这位教育专家的亲身经历可以给做父母的一些启发：

有一天，有位热情好客的家长邀请我去某某高级酒店共进晚餐，顺便认识一下她的儿子，解决一些问题。其实，我不太喜欢在饭桌上说什么教育，当时也有其他事情脱不开身，但这个语气坚决、果断的家长，简直就是以命令和通知的语气说，希望我晚上准时到场，万事俱备，就等我开饭。

见到那个孩子的时候，我真吓一跳，那位家长看起来十分娇小，但她的儿子却十分高大。我在家长的安排下坐到孩子的旁边。

那孩子很沉默，一直都是他的妈妈在滔滔不绝地向我介绍她自己的工作、丈夫的工作，今天怎么怎么忙，实在没有别的时间等。她讲到口渴，停下来喝水，我便问旁边的小伙子：

“在哪个学校读书啊？”

“噢，他在市一中。”

“你们几点放学？”

“他们四点半就放了，也是从学校直接过来的。”唉，这妈妈真爱说话。

“爸爸在什么单位？”

“崔老师，我刚不是说了吗，他在建行上班呢。”

“你们老家是哪儿的？”

“他们是延吉那边的，爷爷那辈搬过来的。”

我实在忍不住了，就轻轻地碰了碰那位母亲，结果，这大姐说：“儿子，你往里面去点，挤着崔老师了。”

……

饭后，妈妈说：“崔老师，你看我们家孩子长得不错吧，就是不爱说话，对什么都无所谓，哪像一个十几岁的青年啊。”

我诚恳地说：“大姐，真不是你家孩子不爱说话，而是你自己说得太多了。你看我问他的问题，都被你说完了，他还说什么呢？”

不是孩子没有主见，是根本不能有主见。孩子表达不好，因此在他说之前家长抢先说了。孩子的决定欠考虑，因此，决定早就下了。孩子呐喊，无视；孩子反抗，打压。终有一天，孩子悄无声息了，当然，又继续充当被指责对象——沉默寡言，没有主见。

强势没有好坏之分，对孩子过于强势就是把孩子推到弱势群体里！

“等我冷静一下再说”——愤怒时最好闭嘴

科学家通过实验表明，人和人沟通的效果，70% 取决于谈话时的情绪，30% 取决于谈话的内容。

据此，科学家建议人们，在谈话的时候，一定要调整好自己的情绪。因此，父母在教育自己的孩子时，也应该注意调整好自己的情绪，让孩子不必分心与情绪对抗，而是直接面对问题。

相反，用一种愤怒的情绪跟孩子去沟通，只会让孩子很反感，从而很容易与父母对着干。

教育名家成墨初在自己的畅销书《把话说到孩子心窝里》讲了这样一个案例：

有一位母亲打电话给成墨初老师，抱怨说："我为了孩子，付出了一切，每天起早贪黑，任劳任怨，除了上班还要辛苦地照顾孩子的吃喝拉撒，还有学习。可是这孩子满身的缺点，我每次都大声地给他指出来让他改正，他根本不听，还跟我对着干，成老师，你帮帮我，怎么才能让孩子好好听进去我说的话呢？"

成老师给这位孩子的母亲的建议就是，当这位母亲看到孩子的缺点，愤怒地想指正出来时，一定要忍住，不要跟孩子说话。

结果，1 个星期之后，孩子的母亲打电话过来告诉成墨初老师："孩子慢慢变得听话了，有一次他还问我'妈妈，你怎么不说话了？是不是我哪里做错了惹你生气了？我以后改就是了'，这真是让我高兴呀！"

很多父母在管教孩子，尤其是孩子犯了错误以后管教孩子时，总是怒气冲冲的，其实，这时候大多数的父母都只是在发泄自己的愤怒情绪，而很少去考虑孩子的感受，也很容易就说出一些伤害孩子的话。

这样的结果就是，父母伤了孩子的心，孩子也没有心情去听父母的说教，因此也不会接受父母的劝告和教导。

一位妈妈带着 13 岁的儿子去找一位教育专家。

"我们家孩子实在是太不让人省心了，我和他爸爸说他，他总是听不进去，还跟我们甩脸子。老师，你说这孩子是怎么了？”

教育专家还没有张口回答问题，这个孩子倒是先插话了：“你们每次说我，就像吃了枪药一样，怒气冲冲的，让人觉得很不舒服。而且，你们说话，从来都没有考虑过我的感受，这让我也很愤怒！”

妈妈这时候脸上也火辣辣的，教育专家立刻支开了儿子，悄悄对妈妈说了一句：“下次，教育孩子的时候，如果觉得很愤怒，不妨先对孩子说一句，‘让我冷静一下’，情况或许会好很多。”

要想让孩子听进父母的劝告，父母一定要学会在愤怒时闭嘴，对此专家给出了以下几点建议：

一，要学会控制自己的情绪，不要带着消极的情绪去教导孩子。带着消极的情绪去教育孩子，会给孩子一种好像自己是父母的出气筒的感觉，一旦孩子有了这种感觉，孩子的逆反心理就开始起作用。

二，当父母在教育孩子时出现了负面情绪时，尽量要做到离开孩子，借机让自己冷静一下，也可以管住自己的嘴巴，不说出伤害孩子的话。等到情绪平静了以后，再教导孩子，一般而言，这时候，父母的话会比较客观而且有效得多，孩子也容易接受。

三，学会转移自己的注意力。每个人在愤怒的时候都会表现得很固执，将注意力集中在一点上，紧抓住不放。可是也正是因为如此，人很容易陷入一种错误的观念中，增加自己的愤怒。

从前，孩子只要一犯错误，尤其是那些屡教不改的错误，我就会很生气，抓住这一点不放，越说越生气，孩子对此很是反感，也听不进我说的。

有一次，在训斥孩子的过程中，孩子实在是受不了了，夺门而出，留我自己一个人在屋里。我看着空空的房间，一直很生气，直到我的注意力被放在阳台上的花吸引，才从愤怒中走了出来。

从那以后，孩子犯了错误，在批评他之前，我总要先遏制自己的愤怒去阳台上看一会儿花，直到心情平复，才回去跟他讲道理。结果却发现，孩子也很容易接受我的批评，甚至表示愿意主动改正错误。

其实，我原来只是不想自己老生气，没想到还收到了意外的效果。

总之，如果父母想让对孩子的教导卓有成效，应该学会在自己愤怒的时候冷静一下，等到情绪平静了再去跟孩子沟通。

如何应对和大人“对着干”的孩子

不少父母都发现，每个孩子在成长过程中都有这样一个阶段：对于父母的话左耳进右耳出，动不动就跟父母顶嘴，或者干脆跟父母对着干。孩子究竟是怎么了呢？怎么突然间就这样不听话了？

罗定的爸爸妈妈是一对很开明的父母，很少跟罗定有冲突的时候。可是罗定的妈妈最近发现，儿子自从读小学六年级以来，发生了显著变化。他似乎不像以前那样喜欢跟父母交流了，对于父母的一些做法和看法，他也时不时地提出反对意见。有一段时间，他甚至特别喜欢跟自己的父母“对着干”：父母要求他做的事情，他总是找各种理由拒绝；父母给他的意见和建议，他也经常当作耳旁风；当父母想要跟他好好谈谈的时候，他没听几句就索性出门。

“小定，你上次不是说想去看话剧吗？这周末妈妈陪你一起去看吧。”

“不了，我现在不想了，我周末想要跟同学一起去唱歌。”

“小定，过两天就是你的生日了，以前你总想请同学到家里来玩玩，明天爸爸妈妈就给你们足够的时间玩，我已经帮你们准备了很多零食，到时候你们可以好好聚聚。”

“不用了，我现在觉得还是去外面过比较好，我已经跟同学们说了，把地点定在必胜客。”

“那爸爸妈妈也去，顺便帮你买单？”

“不行，我请的都是同学，你们去不合适。”

“你这孩子，怎么总喜欢跟父母对着干？也不想想如果你是父母，我们老是跟你这么对着干，你心里会好受吗？”罗定的妈妈很委屈地对罗定说，惹得罗定的爸爸哈哈大笑。

其实，罗定之所以会经常做出与父母“对着干”的举动，与青春期的成长阶段和心理密不可分。在生活中，面对孩子成长发育过程中的这些心理特征，父母应该多多了解和关心，在这一基础上，父母可以通过一些实际行动来帮助孩子走出青春期的困惑，帮助孩子健康成长。尤其是当孩子出于叛逆而做出一些不合时宜或错误的事情时，父母更应该好好引导和教育了，而不是一味地对孩子进行指责，这会让孩子更加反感父母，从而更加叛逆。

兰兰下学期就读初中了，妈妈发现，她最近变得有些奇怪，总喜欢跟同龄人聊天，却什么话也不喜欢对家人说，有时候妈妈问上好几句，她才勉强回答一两句。更让妈妈担忧的是，原本乖巧的女儿似乎一下子变得叛逆起来了，在很多事情上她总喜欢跟父母对着干。

“兰兰，你不是一直想跟向老师学舞蹈吗？我们昨天已经帮你联系好了，明天就带你去报名上课。”妈妈高兴地说。

“舞蹈？我现在已经不想学了。”兰兰没好气地答道。

“你这孩子，上次不是哭着嚷着要去吗，妈妈费了很大的劲才帮你联系上，现在怎么不想学了？”

“就是不想，我就不喜欢按照你的意思去做，就不想总是顺从你！”

这个时候，兰兰妈要怎么跟孩子说呢？硬碰硬行吗？当然不行，这样做的话，只会让孩子的逆反心理更加强烈。其实，兰兰的妈妈不妨和孩子好好商量，在商量的过程中不要急于说服孩子，而是听孩子倾诉，把好她的脉，然后对症来下药，就可以取得事半功倍的效果。

在这个过程中，专家给出了以下三点建议，父母在引导孩子的过程中需要特别注意：

一，尊重孩子，让孩子和父母有同等发言的机会，不能只是父母说了算，不许孩子表达自己的看法。其实，很多孩子不听父母的话并不是认为父母的话没有道理，只是觉得父母用一种高高在上的态度命令自己，这让他们感觉父母很不尊重自己。

二，了解孩子，在此基础上如果发现孩子有做得不正确的地方，用一种商量和讨论的方式同孩子交流。孩子需要父母的理解，如果父母不了解孩子的喜好，只是站在大人的角度，对孩子进行命令或者评判，孩子当然是听不进去的。

三，树立孩子的自信心。家长对于孩子处理问题中的积极方面要给予充分肯定，在此基础上与孩子讨论如何进一步完善事情处理的方法，孩子比较容易接受。

总之，要放下家长的权威，用爱心引导孩子，孩子自然会放下自己的叛逆的“武器”乖乖和父母站到相同的“战线”上去。

训斥应该避开众人，在私下里进行

有不少人可能在大街上看到过这样的场景：一个在前面“暴走”的家长和一个在后面哭闹的孩子，家长不停地训斥，孩子不停地哭。

英国教育家洛克有一句名言:“父母不宣扬子女的过错，则子女对自己的名誉就愈看重，他们觉得自己是有名誉的人，因而会更小心地维护别人对自己的好评；若是当众宣布他们的过失，使其无地自容，他们愈会觉得自己的名誉已经受到了打击，设法维护别人对自己好评的心思也就愈淡薄。”

很多家长很少注意照顾孩子的自尊心，相反，还有一些家长认为，在大庭广众之下教训孩子，可以让孩子加深印象，这样可以避免以后重犯类似的错误。

实际上，当众教育孩子不但会使亲子之间的矛盾公开，而且还会招来周围人的侧目、围观。最为重要的一点，这会给孩子的心灵带来极大的伤害。科学调查显示，那些经常在大庭广众之下被父母训斥的孩子长大以后比其他孩子更容易产生自卑心理，也更容易走上犯罪的道路。

我们都希望别人认可和欣赏自己，这是人的本性，孩子也一样。对于那些自尊心极强的孩子而言，父母当众训斥自己，简直是一种莫大的侮辱，难以接受。

刘洋已经 12 岁了，但是性格内向，不太爱说话，很少和同学交流，平时学习成绩在班里也只能算是中等。

有一次，刘洋的妈妈到学校开家长会，老师告诉她，刘洋的成绩最近有些退步。结果还没等老师说完，刘洋的妈妈就大声呵斥起了刘洋:“怎么成绩又退步了，不是回到家一直在看书吗?

你怎么就这么笨呢？你说我养你有什么用？”刘洋的同学窃窃私语，刘洋拉了一下妈妈的衣服。

“怎么，还怕人说呀，怕人说你就好好学呀。”刘洋的妈妈还是一个劲地说着，结果刘洋没等妈妈说完，就跑出去了。

从那以后，刘洋变得更加内向，更加不愿意和同学交流，总觉得同学们在对他评头品足，觉得同学们都瞧不起他，学习成绩也是一落千丈。最糟糕的是，从那以后，刘洋开始对妈妈充满怨恨。

有些家长会觉得，在众人面前训斥一下孩子不是什么大不了的事情。但是对孩子来说，这却是天大的事情。他们会很长一段时间处于担心和害怕中，害怕同学们从此用一种异样的眼光看自己，担心自己在同学面前抬不起头。就在这种担心和害怕中，孩子会变得敏感多疑。

还有一些家长，当孩子在公共场合哭闹、提要求时会觉得很没面子，一时心情急躁就会训斥孩子。可事实是，这样不仅没有维护到家长的面子，有时还会适得其反。建议家长能够平静地和孩子沟通，简单说出自己拒绝的理由。实际上，无论多大的孩子都能够明白家长拒绝的话语，家长只需要耐心地告诉孩子就可以了。

第四章

决定孩子上限的不是能力，而是人品教养

对不诚实的处理：一千克的预防胜过一吨的惩罚

父母都是大学教师，女儿苗苗知书达理，品性纯良，但有一个问题却让妈妈头疼不已。苗苗现在上初中了，却总是说谎。这次期中考试结束后，妈妈问她考得怎么样，她说还行吧。后来成绩出来了，她告诉妈妈考了全班第 10 名，听到这个消息妈妈爸爸都很开心，因为她之前一直在 20 名左右徘徊。可是，后来妈妈见到她的班主任才知道，原来她只考了全班第 40 名，比以往任何一次都要考得差。

以前孩子说谎还有些不自在，现在经常编谎话骗家长，居然说得像真的，没事人似的。妈妈没法理解，那么用心地教育孩子，孩子怎么学会了撒谎呢。

说谎是孩子某个年龄段心理发展和智力发育必然出现的一种反应，也是智力发育过程中易偏出正常轨迹的时刻。因为孩子对诚实的理解以及道德的认识，尚且不全面、不深刻，也不完善，所以有时难免出现说谎现象。父母如果不能妥善地处理和引导，将会导致孩子智力发育上的偏差。

父母应该如何正确对待孩子的谎言呢？首先要知道孩子撒谎

的原因，才能从源头上根治问题。

孩子说谎不外乎两个原因，一个是模仿大人，一个是迫于压力。每个孩子最初的谎言都是从这里来的。

首先是模仿大人。如果家长在和孩子相处中，为了哄孩子听话，经常用一些谎言骗他；或者是家长经常对别人说假话，不时地被孩子耳闻目睹；还有一种情况，是家长出于成人社会里的某种掩饰需求，经常说些虚饰的话，孩子见得多了，就会慢慢学会说假话。“染于苍则苍，染于黄则黄，所入者变，其色亦变。故染不可不慎也 。”所以如果孩子出现说谎的毛病，家长一定要首先进行自我反省。

孩子的谎言大多是被“压力”激发出来的。这个“压力”即是家长比较严厉，对孩子的每一种过错都不轻易放过，都要批评指责，甚至打骂；或者是家长太强势，说一不二，不尊重孩子的想法，不体恤孩子的愿望。这些都会造成孩子的情绪经常性地紧张和不平衡，他们为了逃避处罚、达到愿望或取得平衡，就去说假话。

像上例中提到的那个女孩，她考试没考好，其实内心已经很痛苦了，有很大的压力，不知道如何向父母交代，而恰恰此时，母亲询问她的考试情况，为了不让母亲伤心，她只好编谎话来骗人。尽管她也知道，过不了多久，妈妈就会从老师那里知道真相，但是她宁可撒谎也不愿意告诉妈妈自己的真实成绩。

这是为什么？因为孩子没有将妈妈当成不幸的分担者，孩子这样做，肯定是出于经验。相信在以往的生活中，一定是孩子一做错了事，就会遭到严厉的批评。于是，孩子为了逃避一时的批评而撒谎了。

当发现孩子说谎的时候，千万不要立即去教训孩子，此时，不妨冷静地坐下来想一想，孩子为什么会说谎，是因为自己给了孩子很大的压力？还是因为在以往的生活中，每次孩子犯错误都会遭到严厉的批评？抑或是不尊重孩子的想法，凡事要求孩子按照自己的意愿生活？……找到原因后再对症下药，这样才是解决问题的根本之道。

孩子天生是不会说谎的，对待谎言预防比惩罚更有效。因为惩罚也许会加剧孩子的“压力”，让他以后不得不用更多的谎言来防御可能遭受的惩罚，而把谎言扼杀在摇篮中，则是从根源上防止了谎言的产生。

那父母应该如何预防孩子的谎言呢？一方面，父母不应该扮演检察官的角色。不应该要求孩子坦白，不应该夸大事实把事态弄大。另一方面，说话不要拐弯，要说真话。当父母发现孩子从图书馆借的书已经过期时，不应该问：“你把书还到图书馆了吗？你确定？那么它怎么还在你的桌子上？”应该直接说：“我看到你在图书馆借的书已经过期了。”简而言之，父母不能激发孩子防御性的撒谎，不能有意制造让孩子撒谎的机会。当孩子撒谎时，父母不应该一味说教，严厉过头，而是要就事论事，通情达理。要让孩子知道没有必要对父母撒谎。

父母防止孩子撒谎的另一个方法是避免问“为什么”。对孩子来说，“为什么”就意味着父母不赞成、失望、不高兴，从而引出过去受责备的回忆。

另外，如果父母希望教育孩子诚实的品德，那么必须做好心理准备，既要听让人愉快的真话，也要听让人不高兴的真话。例如，孩子对你抱怨说奶奶不好时，你如果打他惩罚他，强迫他说奶奶是好奶奶，那么，你就让孩子知道了说真话、告诉父母自己的想法是危险的。说真话时，你受到惩罚；说谎时，你得到爱。父母喜欢说谎的孩子，父母只喜欢听让人高兴的话，所以，孩子就会为了讨好大人，而说让大人高兴的谎话。

生活中，很多父母习惯把孩子的品行问题归咎于孩子自身，所以习惯指责孩子；可是很少有人会去反思自己的教育方式。事实上，孩子的品行习惯依赖于父母的教育方式。所以每一位父母在思考解决孩子的问题时，切入点应该是如何改变自己的教育方式。哪怕你认为孩子的毛病就是来自孩子自己，你也有责任通过改变你自己来唤起孩子的改变。不这样思考，你就永远找不到改变孩子的途径。

“帮妈妈洗脚”不只是一个作业

孝是中华民族的传统美德，而且古往今来也有许多关于“孝”的感人事件。“孝”是一种重要的品质，而且也是很多品质的基础。

相信不少人一定还记得中央电视台播放的这样一个公益广告：一个年轻的妈妈一边给五六岁的儿子洗脚，一边讲小青蛙的故事，故事讲完了，脚也洗完了，妈妈对孩子说："等一会儿，妈妈再来给你讲故事。"

画面一转，年轻的妈妈正蹲在地上给一位老人洗脚，一边洗一边说："妈妈，我给你洗洗脚，对身体好，也解困。"

这时，等着妈妈讲故事的孩子探头进来看到了这一幕，一转身就跑了出去。

妈妈给老人洗完脚回到儿子房间，却不见儿子的人影，正诧异着时，发现儿子端着一盆水晃晃悠悠地走进来，原来他也要给妈妈洗脚解乏。

孩子一边给妈妈洗脚一边嫩声嫩气地说："妈妈洗脚。我也给你讲小青蛙的故事……"

这让疲惫不堪的妈妈感慨万分。这则公益广告触动了不少人的心。

妈妈的"舐犊之情"作为世间最本质的一种仁慈温暖着整个世界，而孩子们之所以能够健康、幸福的成长，也是因为妈妈浓浓的爱。但是，被深深的母爱包围着的孩子们，有没有想过回报一下母亲呢？哪怕只是洗一次脚。

曾有不少学校布置了这样一个作业：给妈妈洗脚。对于这样的作业，不少孩子觉得难为情，也有许多妈妈同样有此感觉。

但是“给妈妈洗脚”并不仅仅是一次作业这么简单。它是想让现在的孩子懂得爱自己的妈妈，懂得反哺，懂得感恩。

现在的孩子多是独生子女，他们在物质和精神方面都享受到最大的爱，但是如果享受着这种爱的子女不懂得回报，不懂得孝顺父母，让这样的爱不能实现双向交流，那么这种爱就是畸形的溺爱。

父母要在生活中培养孩子“孝”的品质，如引导孩子学会关心长辈，懂得陪长辈聊聊天，懂得在节日里向长辈送上一份祝福。在父亲节时，给父亲送上一份小礼物，或者在爸爸下班时，让孩子主动帮爸爸拿衣服、拿拖鞋、递水等，爸爸没回来，要提醒他给爸爸留饭或耐心等待。

让孩子进行一切力所能及的劳动也很必要，只有当他们有了切身体验时，他们才能真正领悟到父母照顾他们的辛苦，从而知道体谅父母，尽自己的力量帮父母做事，为父母分忧解愁，做到真正的“孝”，要引导孩子替父母分担忧愁，学会自己的事尽量自己做，帮衬父母做力所能及的家务，如为父母取鞋、取袜、扫地、擦桌子、倒垃圾等；尤其要让孩子帮长辈添饭、沏茶等，这不是单纯的劳动，而是逐渐培养孩子为长辈服务的意识和习惯。

父母千万不要让孩子觉得孝是一种强迫性的劳动，是一种额外的负担。孝心，要在融洽的氛围中，在爱心的驱使下，慢慢地养成，并逐渐成为一种自觉的行为。当孩子为长辈服务时，长辈应笑脸相迎或亲亲孩子，并予以表扬和鼓励，让孩子觉得为长辈服务很自豪、很值得，是快乐、幸福的事。

孩子良好的习惯和品质，不是长大就能自然形成，而是需要平时一点一滴养成的。要想让孩子养成“孝”的习惯，对父母、对他人都怀有一颗感恩的心，父母平时就应该在小事中就多多注意与培养。

不懂得分享是一种惩罚

阿琳准备参加学校举行的舞蹈比赛，这次她选的舞蹈是西部牛仔舞，阿琳希望能借小晴的皮靴上台表演。可是，小晴不舍得，因为那双靴子是美国的姑妈给她寄回来的生日礼物，平时小晴也不舍得穿。现在阿琳开口向自己借靴子，而且是要到舞台上蹦蹦跳跳的，要是弄坏了，怎么办？那可是有钱也买不到的呀！

小晴没有立刻答复阿琳，推说自己先回去问问妈妈的意见。

回到家里，小晴和妈妈商量了起来：“妈妈，你觉得我应该借给她吗？要是弄坏了，怎么办？”

妈妈没有正面回答女儿的问题，她笑着说：“别人也借给你东西吧？那次，阿琳还把最喜欢的芭比娃娃借给你玩了好一阵子呢。你还记得吗？”

小晴听罢妈妈的话，脸红了起来，说道：“对呀，阿琳对我可是从来不吝啬的，我太小气了。”

看到孩子脸红了，妈妈接着说："懂得分享，人生往往更加快乐，所以，越珍贵的东西，越要懂得与人分享。"

听完妈妈的话，小晴立刻给阿琳打电话了："靴子我明天就给你拿去，你可要好好比赛，争取得第一名……"

妈妈在一旁，欣慰地笑了……

生活需要分享，快乐和痛苦都需要有人分享。不懂得分享的人，不能体会到与人互惠互济、甘甜与共的幸福，这何尝不是一种惩罚呢？作为父母，你教导孩子学会与人分享的品格了吗？

人的心理其实是很微妙的，当得到别人的好处或好意后，总想以相同的程度回报别人。这种心理叫作"互惠心理"。这是人类社会中根深蒂固的一个行为准则。

曾经一位心理学教授做过一个小小的实验，证明了人们这种普遍心理。他随机选择了一群素不相识的人，给他们寄去了圣诞卡片。虽然他也估计会有一些回音，却没有想到大部分收到卡片的人，都给他回了一张，尽管他们互不相识。这个心理实验验证了人们之间"互惠"的心理，人们普遍认为应该尽量以相同的方式回报他人为我们所做的一切。如果别人帮了我们，我们也应该帮他一次；如果别人送给我们圣诞礼物，我们也应该送他一份。

孩子之间的交往，也遵从"互惠心理"，往往是小 A 给了小 B 一样玩具，小 B 也要回报小 A 一件；小 A 告诉小 B 他的一些学习方法、工作经验，小 B 也不吝啬同他分享自己的学习和工作感受。互惠心理其实也有些像坐跷跷板，不能永远固定某一端高、另一端低，就是要高低交替。一个永远不肯吃亏、不与别人互惠的孩子，即使赢了，从长远来看，他也得不到多少好处，因为没有人愿意和他玩下去了。

现在很多父母宁肯亏了自己也不愿怠慢自己的孩子，不仅把最好的东西给孩子，还害怕孩子在外面被人占便宜，于是经常教育孩子不要和小朋友分享好东西，例如说“别把爸爸带回来的进口巧克力都拿出来给朋友吃，吃完了看你怎么办？”“让他们自己的父母给他们买，这套学习资料是独家发售的，父母好不容易给你抢到，你让他们看了不是便宜了他们吗？”从小听到类似话语长大的孩子，自然不会是一个大方豁达的人，甚至会变成自私自利、不关心别人的冷血儿，这时候，父母后悔已经来不及了，品性一旦形成后，想要改变是极其困难的。

想要趁早培养孩子与别人分享的品格，父母自己首先要是一个喜欢与别人分享的人，孩子会通过父母的行为认识到分享是一件应该的事。其次，父母要学会与孩子分享，坦然地分享，成为与孩子分享的伙伴，比如分享零食、分享快乐、分享想法，不要因为疼爱孩子而把所有好的都给他，让他觉得父母为自己是应该的，亲人是不用与之分享好东西的。另外，父母还要经常告诉孩子“越是珍贵的东西，越要懂得与朋友分享。”长期输送这样的价值观，会让孩子潜意识里形成正确的分享观，而不会成为自私自利的人。

从接待客人开始，培养孩子待人的文明礼仪

早在17世纪，著名教育家约翰·洛克就在他的名著《教育漫话》中描绘了一幅培养“绅士”的教育蓝图。在这幅蓝图中，礼仪教育是不可或缺的一环。洛克说：“礼仪是在他的一切美德之上加上的一层藻饰，使它们对他具有效用，去为他获得一切和他接近的人的尊重与好感。”

一个人的修养决定着他的生存方式。有修养的人，不但能受人尊重，而且还能成大器；没修养的人，不但害人害己，还会不得人心。真正有修养的人，会对一切人展示出亲切和友好的姿态。

生活在现代社会的人，必须学会待人接物的方法，善于与人礼貌往来。因为和谐的人际关系无疑已成为当今世界人才的重要素质之一。有些孩子因缺乏待人接物的经验，往往在交际中有差强人意的表现。在生活中我们会发现，凡是待人周到谦和的孩子，往往更容易赢得机遇。而这些待人友善的处世本领，都需要从小培养，从小事着手培养。

而让孩子在接待客人中学习礼貌待人，就是一个很好的方法。让他知道让孩子多参加接待客人的活动，有利于培养他们的主人翁精神。在参与接待客人的过程中，体会到主人和客人地位的不同，自然会产生一种自豪感和责任感，会比平时更小心，殷勤百倍。这也有利于培养孩子礼貌待人的好习惯。

要接待好客人，让客人满意，就必须在语言、行为上都讲究礼貌，实际上是给孩子提供了友爱他人的练习机会。而且，能学到一些待人接物的方法。可能最开始孩子是不会接待客人的，这就需要我们父母的引导和鼓励。

怎样培养孩子接待客人的能力呢？

1. 让孩子做好心理准备：在客人尚未到来之前，我们应该让孩子了解，客人什么时间来，谁要来。客人与父母、与自己的关系以及该如何称呼。使孩子在心理上做好接待客人的准备。

2. 与孩子共同做准备工作：可以让孩子和父母一起做接待客人的准备工作，如打扫房间、采购糖果等，共同创造一个欢迎客人的气氛。

3. 帮助孩子接待客人：例如，客人来了，父母可以帮助孩子招呼每一个人，请客人坐，请客人吃糖果。还可以把自己的玩具拿出来给小客人玩，把自己的相册拿给大家看。

4. 让孩子学着与客人交谈：父母应该让孩子大方地回答客人的问话，并且做到在别人讲话时不随便插嘴。

孩子学会待人有礼，不仅给人很好的印象，还能帮助化解尴尬，让我们来看看下面这个小故事。

有一次，英国王室在伦敦举行盛大晚宴，招待印度首领，此时，还是皇太子的温莎公爵主持了这次宴会。

宴会在非常友好的气氛中进行着，达官贵人们觥筹交错，相谈甚欢。就在宴会即将结束的时候，发生了一件意想不到的事情，使整个宴会被尴尬的氛围笼罩着。按照当时宴会的程序，侍者在晚宴即将结束的时候为每一位来宾端来了洗手水，印度客人看到那精巧的银制器皿，以为里面盛着的亮晶晶的水是用来饮用的，于是端起洗手水一饮而尽。当时，作陪的英国贵族个个目瞪口呆，不知如何是好，大家纷纷把目光投向主持人。

这时，只见温莎公爵神色自若，一边与客人谈笑风生，一边端起自己面前的洗手水，像客人那样自然而得体地一饮而尽，接着大家也纷纷效仿。原本即将要扩散的难堪与尴尬气氛，在瞬间消逝无形，宴会在一片欢乐声中取得了圆满的成功。

温莎公爵在这次宴会中的举动，无疑是一种礼貌的表现。他的这种行为，不仅表达了自己对客人的尊重，而且使这次宴会非常完美，没有留下任何的遗憾。

在我们的日常生活中，也应该让孩子懂得多多从别人的立场出发来体谅别人，懂得人情世故，会接人待物。因此，父母应该坚持对孩子进行礼仪教育，并不断强化他们言行方面礼仪习惯的培养和训练，使他们养成良好的礼仪习惯，懂得对别人尊重，懂得谦恭礼让，懂得使人际关系融洽和谐。

培养孩子的耐心是培养孩子节制品格的开始

在美国得克萨斯州一个镇小学的校园里，一个班的一些学生被老师带到空房里。然后一个陌生人走了进来，他给每个学生都发了一粒包装精美的糖果，并告诉他们：“这糖果属于你们，你们可以随时吃掉自己的糖果，我要出去办点事，约20分钟后回来。如果坚持到我回来再吃，将会得到两粒同样好吃的糖果。”

面对糖果，部分孩子决心熬过那漫长的20分钟，一直等到这个人回来。为了抵制诱惑，他们或是闭上双眼，或是把头埋在胳膊里休息，或是喃喃自语，或是哼哼叽叽地唱歌，或是动手做游戏，有的干脆努力睡觉。凭着这些简单实用的技巧，这部分孩子勇敢地战胜了自我，最终得到了两块果汁软糖的回报。而另外那部分性急冲动的小孩几乎在陌生人出去的那一瞬间，就立刻去抓取并享用那一块糖了。

大约20分钟后，陌生人回来，对那些能够克制自己的孩子进行了奖励。

耐人寻味的是，这个陌生人跟踪研究这些孩子20年，结果发现：那些能够为两块糖抵制诱惑的孩子长大后，有很好的学习品质、较强的社会竞争性、较高的效率、较强的自信心，能较好地应付生活中的挫折、压力和挑战。而经不住诱惑的孩子中有1/3左右的人缺乏上述品质，心理问题相对较多。他们的学习成绩不如前者优秀，社交时他们羞怯退缩，固执己见又优柔寡断；一遇挫折，就心烦意乱，把自己想得很差劲或一文不值；遇到压力，就退缩不前或者不知所措。

这项研究表明，那些能够为获得更多的糖果而等得更久的孩子要比那些缺乏耐心的孩子更容易获得成功。这说明了自制力这一良好的意志品格是成功者的重要心理素质。父母在孩子的早期教育中，应该将孩子自控力的培养置于重要地位。童年的教育是培养节制品格的开始，“延迟满足”练习是培养孩子节制品格、提高孩子的自制力的重要方法。

所谓“延迟满足”是指甘愿放弃即时满足的抉择取向，去等待一种更有价值的长远结果。“延迟满足”用我们平常的话来说，就是忍耐力和自制力。这种品质对于成功是非常重要的。在生活中，我们也会发现，那些事业有成的人，总是能够为了追求更大的目标，克制自己的欲望，放弃眼前的诱惑。把一个个小小的欲望累计起来，成为不断激励自己前进的动力。而那些一时冲动犯罪的人，大多不能克制自己的欲望，被冲动这个魔鬼所控制，最终做出害人害己的行为。

在家庭教育中，如果孩子想要什么，父母就立即满足，孩子会形成这样一种观念：自己想要的东西总是能够很轻易地得到。久而久之，这会导致孩子越来越任性、贪心，急功近利。而在孩子的成长中，孩子的生活并不会随时都会有父母的呵护，所以最重要的是，父母应该设法让孩子懂得：世界不是以他为中心，因此，必须学会等待，学会控制自己的情感和行为。

培养孩子的自我克制能力，培养他的理性思考和判断能力，是孩子今后能够取得成功的必要前提。如果一个人想光荣、和平地度过一生，他绝对有必要学会无论在大事小事上都能自我克制。

孩子的“延迟满足”能力的获得，并非一朝一夕、只言片语所能奏效。没有人天生脾气很好，不需要注意和修饰；也没有人天生脾气很坏，后天的修养对他无济于事。脾气是可以受到约束的，好的耐性都是慢慢培养出来的。因此，父母应尽早开始培养孩子的耐性，“细水长流”式的培养才能真正孕育出自控能力强的孩子。

父母在生活中要让孩子学会等待，对孩子的一些日常玩乐、享受的需求给予“延迟满足”。最好让孩子做出适度努力后，再满足他的欲求。如果孩子想得到新衣服，就要学着自己洗衣服、刷鞋子、整理床铺。还可以采用积分制，每做一件值得鼓励的事，就加几分，累积到一定数量，可以让孩子获得想要的某种奖励。

然而，延迟与否，延迟多长时间，都不是关键所在，最关键的是父母要帮助孩子形成一种认识并最终成为习惯：任何愿望都必须通过自己的不断努力来实现，耐性越大取得的成功就越大。

不能用粗鲁的方式教育孩子懂礼貌

《北京青年报》上曾登载了一则消息：一个15岁的少年因为环卫工人制止他乱扔纸屑，盛怒之下满口污言秽语不说，还对那位女清洁工拳打脚踢。此事在社会上引起了很大的反响，许多市民纷纷表示出了极大的愤慨。少年如此蛮横，的确让人痛心疾首。在我们身边，这种不讲文明的人的确不是少数。我们经常能听见一些青少年朋友出口成“章”（脏），张口一个“妈的”，闭口一个“我 ×”，而且满脸凶相。鲁迅先生当年尖锐抨击过的“上溯祖宗，旁及姐妹，下连子孙，遍及两性”的“国骂”，竟然在一些未成年人的嘴里如同炒豆子一样噼啪乱跳，令大人们瞠目结舌。

孟德斯鸠说：“礼貌使有礼貌的人喜悦，也使那些受人以礼貌相待的人们喜悦。”文明的语言，礼貌的举止能够体现一个人的内涵和修养，也有助于一个人的健康成长和事业的成功。没有修养的青少年会以冷淡、不关心他人、言语不文明等方式伤害他人，毁坏自己的形象，相信这是每个父母都不愿意看到的。

父母是最亲近最热爱的人，他们对于孩子具有天然的权威性，他们的所作所为容易被孩子认为是天然合理的，容易被孩子学习和模仿；由于孩子没有足够的知识经验，不会辨别是非，所以，他会对父母的言行不加选择地模仿。例如，他们不仅模仿父母的动作，而且模仿父母表达感情的方式，模仿父母的观点，甚至是父母对人的态度和方式……

你是不是为了教育孩子懂礼貌，该打的也打了该骂的也骂了，可是孩子就是没有一点长进？其实，不能抱怨是孩子没有进步，而应该思考一下父母教育孩子的方式是否得当，很多父母总以为“用鞭挞以及别的奴隶性的体罚”去管教孩子是最合适不过的。却不知道你的一言一行在潜移默化地影响着孩子，你用简单粗暴的方法教育他，又怎能奢望他能以彬彬有礼的态度去对待他人呢？

那么，具体来说，我们应该怎样培养孩子文明礼貌的好习惯呢：

1. 改变自己对孩子的教育方式。对孩子尽量采取启发和开导的方式，多点道理少点责骂，治理洪水的方式是“疏”，而不是“堵”，教育孩子也一样。比如孩子见人不会打招呼，你不能当着熟人的面就训导孩子。你可以回家以后对孩子说：“那位叔叔是爸爸的朋友，下次再见到他，爸爸希望你可以和那位叔叔打个招呼。这样的孩子才是懂礼貌的。”

2. 对孩子进行教育，告诉孩子要以善良之心看待与他人的摩擦，让他们明白谁都有冒犯他人的时候，而且随时都会发生不愉快的事情，使他们学会宽容他人的过失，不要为小事而生气、赌气。

3. 严格要求，父母可以与孩子谈心，明确要求他们成为有教养的好孩子，告诉他们哪些言行是文明礼貌的、哪些言行是粗鲁无礼的。

4. 及时纠正孩子说脏话的习惯。平时，一旦发现孩子说脏话，父母要及时帮助纠正过来。不说脏话是讲文明礼貌的第一步。

5. 要求孩子使用礼貌用语。对孩子不愿主动向老师、长辈、同学问好，要及时给予纠正，告诉孩子“您好”“请”“谢谢”“对不起”等日常礼貌用语。

6. 让孩子多与人交流。有时候孩子见人木讷扭捏，常给人一种没有礼貌的感觉，其实这是孩子的性格所致。这样的孩子一般都很害羞，怕见陌生人。父母应该多让孩子与人相处，比如家里来客人的时候让他主动给客人拿水果，等等。也可以多让孩子和同龄人接触，培养开朗自信的性格。

培养讲文明、有礼貌的习惯是一个循序渐进的过程，不可能要求孩子在一夜之间就变得彬彬有礼。

仁爱之心不可无，爱心教育必须有

每天，天刚蒙蒙亮，胡适还在睡梦中，母亲便起床了。她一边给儿子准备好东西，一边叫醒他，让他起床上学堂。对于孩子来说，早起是一件很痛苦的事，可是，小胡适很懂事，虽然他很想多睡一会儿，但是一想到母亲的操劳，就能立马从床上坐起来。当他赶到私塾老师家门口时，老师家人都还在睡觉。他轻轻地敲门，里面就会有人把私塾的钥匙从门缝里递出来。拿了钥匙，他跑到私塾把门打开。这时，同学们都还没有来，他一个人坐下，打开书本，开始读书。

他天天都这样早起苦读。母亲看着儿子这么辛苦，也很心疼他。但是，她明白，如果想让儿子成为像他父亲那样知识渊博、人品端正的人，就一定要吃苦。其实，儿子读书早，她为了准备早饭，比儿子起得更早啊！胡适把母亲的这份爱藏在心底，用自己的刻苦来回报。平日里他很听话，不想让母亲多为自己费心。

但是小时候的胡适很调皮，总有犯错误的时候。每逢这时，小胡适心里总会忐忑不安，善良仁爱的母亲从来不在人前责备他，因为母亲懂得保护孩子的尊严。

一个秋天的晚上，天气转凉了。小胡适穿着单薄的衣裳，站在庭院里仰望星空。母亲关切地说："天凉了，快进屋穿件夹衣吧！"胡适此时看星星正起劲，竟与母亲顶起嘴来，这大大刺伤了母亲的心。

后来，胡适意识到自己闯了大祸，跪着直哭，他一边哭，一边不住地用手去擦自己的眼睛。他不知把什么细菌擦入了眼睛，竟害了一年多的眼病，找了很多郎中也治不好。最后，母亲听一些老人说用舌头去舔就可以治好，母亲便用舌头去舔儿子的眼，眼睛真的就好了起来。

胡适在《我的母亲》一文中这样写道：我在我母亲的教训之下住了 9 年，受了她的极大极深的影响。我 14 岁（其实只有十二岁零两三个月）便离开她了，在这广漠的人海里独自混了 20 多年，没有一个人管束过我。如果我学得了一丝一毫的好脾气，如果我学得了一点点待人接物的和气，如果我能宽恕人，体谅人——我都得感谢我的慈母。胡适就这样在母亲的言传身教下养成了善待他人的好脾气，也学会宽容和关爱。可见，父母仁爱的性格，对孩子的爱心教育有很重要的影响。

爱心教育是父母培养孩子的重点之一。美国著名教育家哈·斯宾森指出:“爱心是美德的基础，也是美德最直接的表现。”培养起孩子的爱心就为孩子的美德打下了坚实的基础。爱心的培养不仅是中国传统教育的重点，也为现代教育学家所重视。现代孩子普遍缺乏爱心的现实，也突出了爱心教育的重要性。爱心给人机会，使人伟大，而父母想要培养一个伟大的孩子，就要首先从培养孩子的爱心做起。

拿破仑·希尔说:“当一种习惯由于反复地练习而变得容易的时候，你就会喜欢去做。你一旦喜欢去做，就愿意时常去做。”所以，父母要积极培养孩子关爱他人的习惯，鼓励、尊重孩子去关爱他人。一个怀有善念的人，才能得到更多人的关爱，才能获得更多的机会，才能取得更大的成功。

在培养孩子爱心的过程中让孩子理解奉献是很必要的。在生活的每一天里，要让孩子懂得奉献了自己，别人就会感到温暖；把节省的钱捐献给灾区，就能让很多人免于受苦；在同学生病的时候，要懂得去问候，帮助他们把落下的课补上……付出爱心，才能拥抱世界，也只有愿意付出爱心的人，才能使生命放出耀眼的光彩。

英国大戏剧家莎士比亚曾经说过:“上天生下我们，是要把我们当作火炬，不是照亮自己，而是普照世界。”只有在无私奉献中才能让孩子超越自我，变得高尚，也只有在无私奉献中才能够找到幸福。

在培养孩子爱心的过程中，还要帮助孩子体谅别人的感觉。帮助孩子体会别人的感觉，就是要求他能够想象别人在某种情况下产生的感觉。假如孩子收到长辈寄来的生日礼物后回复了一张感谢信时，父母可以引导孩子，让他想一下，当长辈收到这封感谢信时会有什么感想。

性格的养成不是一朝一夕就能够完成的，富有爱心性格的培育也是一个长期的过程，这就需要父母在日常的生活中潜移默化地引导孩子，培养他们的仁爱之心。

正直，是永不过时的良好品格

抗日战争时，不与日本人打交道，以卖画、刻字为生的齐白石特地在沦陷的北京住宅前张贴告白。其中一条写道："中外官长，要买白石画者，用代表人可矣，不必亲驾到门。从来官不入民家，官入民家主人不利，谨此告知，恕不接见。"另一条是："卖画不与官家，窃恐不祥。"日本人转而诱之以利，寒冬让人送去配给煤票。白石当即退回，后又激于民族义愤写诗作画以讽。抗战胜利前夕，老人画鼠画蟹，并题诗曰："群鼠群鼠，何多如许！何闹如许！既啮我果，又剥我黍。独灯残天欲曙，严冬已换五更鼓！""处处草泥乡，行到何方好，昨岁见君多，今年见君少。"对敌人的掠夺、横行与身陷泥淖做了辛辣的讽刺。齐白石的行为激怒了日伪军，他们派人到齐白石家里骚扰、勒索，甚至明火抢劫，没收了他卖画的存款，寻机将其扣留，令其宣传“共荣”。齐白石宁死不屈，狱中立下遗嘱：“子子孙孙永不得做日本官！”

抗战胜利后，齐白石应邀去参加上海美术界举办的书画展览，遇见上海境界司令部的一个军官。那个军官附庸风雅，向齐白石索要一幅画。得知军官的为人后，齐白石立即挥毫赐“螃蟹”一幅，以示讽刺。但是军官没有领会其意，回家后被姨太太提醒：“这是在骂你横行霸道呢？”军官气得脸色发紫，于是命手下人再次索要，齐白石展纸一挥而就“不倒翁”。

军官的手下拿回去之后，被姨太太撕得粉碎，对军官说：“这张更坏！这是笑你孙传芳每个时代都当官，蒋介石上台当官，日本人来了也当官，日本人去了还当官呢！”军官气急败坏，下令要求逮捕齐白石，让他没料到的是齐白石在友人的帮助下早已乘车北上了。

齐白石就是一位正直的画家，正如他的画品一样，他正直的人品也为人称道，被人们称为是德艺双馨的艺术家。他高尚的人格，得益于他非同凡响的母亲对他的教育。

正直是美德的基石，恐怕有人认为它早已过时了，但它之所以流传至今，正是经过了时间的考验证明它确实具有强大生命力的缘故。正直的美名与始终不渝地坚持真理、忠实于信仰是紧密相连的，它是建立人生大厦的坚实基础。

父母在提升自己正直修养的同时，还要注意对孩子的正直品德的培养。孩子的人生航程没有正直相伴，当船到江心的时候，很可能就会迷失方向，迷失他自己。

泰国前总理川·立派86岁的老母亲川梅，是一个摆食品摊的小贩。她在曼谷的一家市场内摆摊卖虾仁豆腐、豆饼、面饼。

她儿子川·立派当总理的第一天，就有人问她：“您儿子当总理了，您还用得着摆摊吗？您不觉得丢儿子的脸吗？”

她说：“儿子当总理，那是儿子的工作，那是儿子有出息，我摆摊，那是我的工作，两者并没有什么矛盾。我不觉得有什么丢人的，我很喜欢摆摊，在这儿，能见到很多老朋友。我最高兴的事，就是看到儿子下班回家后狼吞虎咽地吃我亲手做的豆腐。”

泰国媒体称赞说：“一个来自平民阶层的平凡母亲，教育出一名以其诚实、正直而受人尊敬的总理。”川梅在面对记者时谦逊地表示：“我其实没有做什么，我只不过在他小时候就教导他做人必须诚实、正直、勤劳和谦虚。我只是让他明白，一个人无论做什么，一定要知道自己生命的意义。”

孩子成长的过程，是人格形成的关键时期，也是正直品性养成的时间，父母的教育在此过程中的意义重大。正直品格的养成不是一朝一夕的事情，父母需要为孩子树立一个良好的榜样，以身作则，起到良好的带头作用，在生活中坚持正直的言行。然而，有的父母在平时也许是愿意站在正直的一方的，但是一旦关系到自己的利益，比如在金钱面前、在名誉面前、在升职面前……他就要离开正直，就不说正直话，不做正直事了。这些不坚持诚实，没有绝对正直品德的父母是很危险的，不仅会危害自己的前途，还会影响孩子人格的健康发展。

此外，父母在培养孩子养成正直的品性时，需要让孩子在日常生活中对事物做出鉴别，并决定自己的行为选择。我们的孩子在成长后也将面临无数和我们一样的问题，所以，若想真正使孩子理性地看待问题就绝不能仅仅停留在一些一厢情愿的人生准则上，而应对社会现实保持敏锐的观察力，通过对事物的准确判断，做出适当的行为选择。

和孩子一起感恩，在感恩中幸福生活

有一篇著名的小说讲的是父亲带着儿子生活，后来娶了一个女人。女人非常不愿意和年迈的爷爷一起生活，父亲于是买了一床毛毯，准备将爷爷送进敬老院。

拿到毛毯的爷爷心里非常难过，但嘴上还是说："你真是个善良的人，这条毛毯真柔软，盖上它一定会很舒服的。"这一切都被小男孩看在眼里，他竟对父亲说了这么一句话："不如将这床柔软的毛毯剪成两半吧，等我长大了，另一半就用得着了。"

孩子的话让父亲感到震惊和心痛，他没有想到，自己在孩子面前将爷爷送进敬老院，孩子将来也会把自己送进敬老院。没有人照料孤苦地生活是谁都不愿意的，孩子的话让父亲警醒：不能够这样对待养育自己的父亲。

小说中的故事告诉我们，要让孩子懂得孝顺父母，自己首先得孝顺老人。如果孩子从小就看到父母孝顺爷爷奶奶，他会受此影响，学着为父母做一些事情；反之，孩子也会按照父母对待老人的方式对待父母，冷漠、自私的父母很难教育出知恩图报的孩子。

感恩是一种美德，一个成就再大的人，如果不懂感恩，人们也会说他无情无义，对他嗤之以鼻；相反，一个失足的浪子，如果不忘亲友的恩情，人们仍然会对他有所怜悯。感恩不仅属于经历沧桑的侠客名士，也属于每一个平凡人。父母对子女有养育之恩，教养的辛苦和操劳固然让人疲惫，但也值得父母常怀感恩之心。

养儿方知父母恩。自己为人父母的时候，首先想到的是父母养育自己时的辛劳。这种体验，也算得上是孩子送给父母的礼物。很多人成为父母以后，才发现生活的沉重。恋爱中的花前月下是那样美好，但生活本身是实实在在的。婚姻中难免会有冲突，当女人变成母亲后，她们开始成熟，懂得忍让和承受。孩子让家庭成为社会的一个小细胞，孩子让妈妈发现自己与社会紧紧相连，所有这些改变，是妈妈成长中的必经阶段，就像孩子会换牙、长高一样。养育的经历，值得父母心怀感激。

父母要感恩生活，也要把孩子培养成一个知道感恩的人。在培养孩子感恩意识时，父母不要给孩子讲道理，而要用实际行动来向孩子展现感恩的美好，一个不孝顺父母的爸爸妈妈教育不出孝顺的孩子；一个不会向人表示感谢的父母教不出懂理的孩子；一个不会感恩生活的父母教不出感恩的孩子。另外，父母也可以拿动物们的小故事来启发孩子。乌鸦反哺、企鹅抱卵的故事都可以讲给孩子听，这些故事比大道理更容易理解，孩子也乐于接受。

在孩子平时的交往中，父母还要引导他进行换位思考。如果他向父母抱怨阿姨送的帽子不是自己喜欢的，父母不妨告诉孩子：“假如你跑遍商场给朋友买了一件礼物，朋友打开一看满脸不高兴，你会不会有点难过呢？如果对方高高兴兴地接受，并大大方方地谢谢你，你是不是会很愉快？”换位思考让孩子知道宽容接纳，也知道替人着想，这些都是感恩的表现。

现在的独生子女，很难进行礼让和感恩的教育，这就要求父母一方面用行动影响孩子，另一方面也要让自己的小宝贝走出家门，多多认识朋友，在同龄人和不同年龄的人中学会与人相处的道理，这样，孩子自然就会慢慢学会感恩了。

一个孩子，如果能够从小就在感恩的环境中长大，那么他一定会生活得很满足，也容易养成自信、乐观、善良的品格，容易感恩的孩子最容易获得这种心境给他带来的报偿，他会变得更加上进，更加不辜负周围的人。

而缺乏感恩意识的孩子，无论他的能力多么出色，都难以成为真正意义上的强者，因为社会难以接受和认可不知道感恩的人。父母要想把自己的孩子培养为一个强者，就必须培养孩子的感恩意识，教孩子感恩父母、感恩社会、感恩大自然、感恩每一个人。对生活常怀一颗感恩之心的人，即使遇上再大的灾难，也能熬过去。

“己所不欲，勿施于人”是不可或缺的好品质

这天下午，市中心小学里居然发生了一件“群体斗殴事件”，三年一班的男生和三年二班的男生打起群架来。当时正值大扫除时间，两个班的同学都在各自的清洁区内扫地，一班负责楼下的走道和花坛，二班负责楼上的楼梯和走廊。二班的同学把楼上的垃圾从楼梯上扫了下来，没有带走，而是直接扫到了一班的清洁区内，一班同学看到了很生气，怒斥二班的同学没有道德，并威胁他们把垃圾弄走，否则一班同学就把垃圾扔到二班门口。二班同学对待一班的谩骂，不客气地给以回击，一班同学气坏了，就真把垃圾扔到了二班门口。于是，两班同学都气坏了，打了起来。

和上述事件一样，大多数争执都是因为双方互不体谅而造成。如果二班同学不把垃圾扫到一班的区域内，一班同学不要谩骂和过激反击，也许就不会发生这次校园斗殴事件了。所以，父母必须让孩子懂得“己所不欲，勿施于人”的道理，让他学会为他人着想的好品质。懂得多为他人着想，孩子的爱心才可以被逐渐唤醒。所以，在日常生活中，父母要积极鼓励孩子去想象别人的感受或者设身处地为他人着想。具体来说，父母可参照以下办法予

以引导：

1. 培养孩子帮助和体贴家人的良好品行：让孩子理解父母，为父母分担忧愁，从小培养孩子关心理解他人的习惯，如果孩子在家只有权利，没有义务，连自己的父母都不关心理解，那他们很容易滋长起自私、冷漠，无视他人的快乐与痛苦的思想。

2. 引导孩子换位思考：当兄弟姐妹之间、孩子与朋友之间，甚至父母与孩子之间发生冲突时，要求孩子停下来想一想，如果冲突双方互相转换角色，会有什么样的感觉。

3. 让孩子设身处地为他人着想：如果孩子没和父母打招呼而在外面玩了好长时间，父母一定非常着急。孩子回家后，父母可以这样问他：“如果你是我，为我设身处地想一下——你不知道我去了哪里，天这么晚了，你会不会着急？”

4. 与邻居友好往来，创造一种亲切、和睦、互相关心的邻里关系：这对孩子十分重要。让孩子在与邻居的交往中，锻炼人与人之间互相理解、互相沟通的能力。

5. 帮助孩子体会别人的感觉：让孩子设身处地地想象一下别人在特定的情形下会有什么样的想法。假如孩子收到同学送的一份礼物，父母可以引导孩子想象一下同学送礼物的时候是什么样的心情，他是不是很盼望自己收到礼物后很喜欢很开心，并向他表达谢意呢？

6. 带孩子出入公共场所时，应从细节着眼，从小事做起，培养孩子关心他人为他人着想的品质。在公共汽车上要主动让座给老弱病残幼和抱婴者；乘电梯时要站在右边，不要妨碍有急事的人从左边超过；出入公共场所要讲文明；不要乱扔果皮纸屑，既影响环境卫生，也妨碍他人健康。

一个不会为别人着想的人，是自私残忍的。而孩子为别人着想的品质是不会自发产生的，它要靠父母精心的培植和维护，需要父母在心灵里播下爱的种子，才能长成爱之花；所以，父母要在生活中培养孩子的爱心，他才会关爱他人、为别人着想，做到了“己所不欲，勿施于人”，他的人生中才会有幸福和成功。

第五章

培养孩子好习惯，是培养成功人士的第一步

所谓教养，就是培养好习惯

在当前社会竞争激烈的大环境下，培养孩子的良好习惯对孩子的身心健康和谐发展有着深远的意义。

幼儿期是培养习惯的最佳时期，在这段时间内，培养孩子良好的行为习惯和生活习惯更为容易。古代家教思想中提出了“教子婴孩”“早论教”，这些思想都显示在孩子无知、无所疑的时候，进行教育是容易的。

家庭是孩子成长的第一环境，是孩子习惯形成的摇篮，6岁前的儿童与家庭的关系更为密切、长久，家庭对孩子的影响也更多更大。父母培养孩子养成良好的习惯也就更为重要和有意义了。

芳芳的爸妈在外地工作，芳芳自小生活在爷爷奶奶身边，备受宠爱。就算芳芳上幼稚园的时候，两位老人也天天陪着孙子上学，一步不离，为孙子服务：帮上厕所的孙子脱裤子；帮孙子冲奶粉，一勺一勺地舀给孙子喝；中午吃饭，爷爷奶奶一个喂菜一个喂饭，数着米粒往孙子的嘴里添；睡午觉时爷爷奶奶要给孙子脱下衣服、鞋子，盖上被子，哄孙子睡着后，才轮着打个盹儿……

直到有一天，幼稚园举办了开放父母参观的活动，看到芳芳不会洗手、不会用杯子接水喝、不会脱鞋子、不会擦鼻涕……总跟着别人后面拖拖拉拉，老人才真正意识到娇惯对孩子的危害。

可见，作为儿童第一任老师的父母，更应该积极为儿童创造适宜的家庭环境，通过日积月累，让儿童的良好生活习惯在不知不觉中形成。

美国学者特尔曼从1928年起对1500名儿童进行了长期的追踪，发现这些“天才”儿童平均年龄为7岁，平均智商为130。成年之后，又对其中最有成就的20%和没有什么成就的20%进行分析比较，结果发现，他们成年后之所以产生明显的差异，其主要原因就是前者有良好的学习习惯，强烈的进取精神和顽强的毅力，而后者缺乏这些优良的品质。

正如爱因斯坦所说：“一个人取得的成绩往往取决于性格上的伟大。”而构成孩子性格的，正是日常生活中的一个个好习惯。好习惯养成得越多，个人的能力就越强。养成好的习惯，就如同为梦想插上翅膀，它将为人生的成功打下坚定的基石，孩子的一生都会受益；养成好的习惯，孩子的人格魅力便会自然得到提升。

习惯是日积月累的细节，培养孩子良好的习惯和高尚的道德情操，应从“大处着眼，小处着手”，在一举一动、一言一行中逐渐养成。习惯在不知不觉的成长中经年累月影响着孩子的品德，左右着孩子的成败。

教育的目的是帮助孩子取得成功，所以，教育就是要培养习惯。所谓习惯，就是经过重复练习而巩固下来的思维模式和行为模式，例如人们长期养成的学习习惯、生活习惯、工作习惯等。常言道：习惯养得好，终身受益。少小若无性，习惯成自然。可见，习惯是由重复制造出来的，并根据自然法则养成的。

其实，生活习惯和学习习惯的培养是一脉相承的，一些学习习惯不良的孩子，往往在生活上也有许多不良习惯。因此，培养习惯应该从点滴生活小事做起。儿童正处于生理、心理快速发展的重要阶段，处于形成各种习惯的关键时期。从小养成良好的习惯，一辈子受用不尽。

为孩子的未来选择好路径

孩子的习惯就像是走路，如果人们选择了一条道路，就会一直沿着这条路走下去。因此，从小培养孩子良好的习惯将影响孩子的一生。惯性的力量会使孩子不自觉地强化自己的选择，并让他不会轻易地走出自己选择的道路。这种现象就称为“路径依赖”。

这种现象有点类似于物理学中的“惯性”，日常生活中普遍存在着这种自我强化的机制。一旦人们选择走上某一种路径，就会在以后的发展中进行不断的自我强化。关于“路径依赖”的一个广为流传的例证就是现代铁路两条铁轨之间的标准距离是怎样确定的。

这要从古罗马说起。古罗马时代，牵引一辆战车的两匹马的屁股的宽度恰好是 4 英尺又 8.5 英寸（1435 毫米），因此，罗马人以 4 英尺又 8.5 英寸为战车的轮距宽度。

当时的整个欧洲，包括英国的长途老路都是罗马人为他们的军队所铺设的，因此，4 英尺又 8.5 英寸成了英国马路的宽度。任何其他轮宽的车子在这些路上行驶的话，轮子寿命都不会很长。所以，如果马车用其他轮距，它的轮子会很快在英国的老路上被撞坏。

最先造电车的人以前是造马车的，所以电车的标准是沿用马车的轮距标准。而早期的铁路是由建电车的人所设计的，因此，4 英尺又 8.5 英寸成了现代铁路两条铁轨之间的标准距离。

更为奇妙的是，这个习惯影响到美国太空梭燃料箱两旁的两个火箭推进器的宽度。这是因为这些推进器造好之后要用火车运送，路上又要通过一些隧道，而这些隧道的宽度只比火车轨道宽一点，因此，火箭助推器的宽度是由铁轨的宽度所决定的。

所以，“路径依赖”导致 2000 年前两匹马的屁股的宽度决定美国太空梭火箭助推器的宽度的现象产生。

在某种程度上，人们的一切选择都会受到“路径依赖”的影响，人们过去做出的选择决定了他们现在可能的选择。因此，

“路径依赖”理论被总结出来之后，就被人们广泛应用在选择和习惯的各个方面，包括父母该如何培养孩子习惯。

对于孩子的未来，同样需要做好路径选择。父母应该培养孩子正确的路径选择观点，让他们从小就懂得取舍，追求生活的真正意义。

同时，由于家庭是一个人一生中的第一所学校，父母则是子女的启蒙老师，因此，父母往往成为子女效仿的模板。父母的言行举止和教育方法，对子女的成长有着重大影响；父母的性格特点、处事风格，甚至包括夫妻间的相处模式，对子女的性格塑造都有潜移默化的作用。

人的所谓情商中的绝大部分都是后天培养成的。在每个孩子成长的过程中，都会遇到对他（她）产生最重要影响的人，并且这个人长时间与其发生密切互动关系，这样，这个人的各种行为特征就会成为未成年人效仿的模板，他（她）会有意识或无意识地效仿、习得此人的行为方式和思维模式。而在现实生活中，总是父母处在这种与子女密切的互动关系之中，所以，父母往往是对子女产生最重要影响的人，成为塑造子女的模板。所以，子女会依赖父母的思维和行动特点，形成自己的性格、气质。

所以父母一定要为孩子的未来选择好路径，同时自己也要树立一个好的榜样。

不好的习惯是缠在身上的铁链，无形地限制着孩子的行为

不好的习惯就像缠在身上的铁链，它无形地限制着孩子的行为，阻碍孩子突破自己，走向成功。

在印度或泰国随处可见这样的情景：一根小小的柱子，一截细细的链子，拴得住一头千斤重的大象。人们也发现：牵一头大象，用一条细绳就可以了；而牵一头小象，却要用粗绳。

这是因为那些驯象人在大象还是小象的时候，就用一条铁链将它绑在水泥柱或钢柱上，无论小象怎么挣扎都无法挣脱。小象渐渐习惯了不挣扎，直到它长成可以轻而易举地挣脱链子的大象，它也不挣扎，细小的绳子就可以使它听话。而小象则不同，它没有形成被约束的惯性思维，尽管力量小，却比成年大象更危险。

大象已被约束惯了，它没有想过自己的力量足以挣脱绳子的控制。约束大象的不是那截细细短短的木桩，而是它用奴性建造牢狱，用惯性打造的枷锁。所以说，小象是被链子绑住的，而大象则是被习惯绑住的。

孩子时时刻刻都在无意识中培养习惯，这是人的天性。因此，父母们应该时刻注意，孩子们平时正在培养哪些习惯。当孩子出现不好，甚至怪异的行为时，当然要受到惩罚，但不是体罚。以下有几个方法，父母可以帮助孩子改正不好的习惯。

1. 通过故事、儿歌、童话等文艺作品使孩子意识到自己的不良习惯。孩子缺乏判断是非的能力，如果爸爸妈妈一味要求他改正不良习惯而不讲清为什么要改正，孩子会出现逆反心理，使不良习惯得到强化。因此，成人发现孩子的不良习惯，不要急于求成，可以针对性地讲一些故事、童话，使孩子认识到自己的不良习惯。比如，孩子喜欢挖鼻孔，成人可以讲“猪八戒的鼻孔是怎样来的”，让孩子通过这个夸张的故事，明白挖鼻孔所带来的危害，从而激发他改正的愿望。

2. 身教重于言教，有些孩子的不良行为习惯是在成人的影响下，潜移默化形成的，如往阳台下扔东西，起床后不叠被，饭前不洗手等。当成人要求孩子改正时，孩子往往以成人也是这样为理由。这时，成人应该检点、反省自己的错误行为，并及时改正，使自己在孩子心目中树立良好形象。

3. 适当增加刺激，及时转移孩子的注意力。孩子的不良习惯往往是无意识的行为，所以爸爸妈妈常发现孩子“屡教不改”。这时，爸爸妈妈可以根据孩子好问、好动的特点，及时转移孩子的注意力。如出现孩子吮手指时，爸爸妈妈可以让孩子帮助做一些力所能及的事，或引导孩子观察某一种物体，或参加某一游戏活动，及时转移孩子的注意力，使孩子在不知不觉中改正不良习惯。

在生活中，爸爸妈妈要做有心人，可以尝试着在家中的床头、电视机、饭桌等明显的地方贴些简单明了、富有情趣的图画，使孩子时时得到提醒。

4. 及时表扬，增加孩子的自信心。爸爸妈妈在纠正孩子不良习惯的过程中，要发现孩子的点滴进步，及时进行表扬，使孩子在愉快的心境中增强改正不良习惯的信心。这样，孩子就比较容易改掉不良习惯。

坏习惯会透过不断重复，由细线变成粗线，再变成绳索，最后又变链子，直到成了难以改变的习惯与个性，这时，父母再想改变小孩的习惯就需要付出加倍的努力了。

所以，习惯有时是很可怕的东西，孩子95%的行为是透过习惯做出来的，所以，父母一定要时刻关注孩子的习惯与行为，以免造成不良的影响。

培养好习惯，就是在寻找一种成功的方法

成功教育从养成好习惯开始。教育的核心不只是传授知识，而是学会做人，养成好习惯。习惯是一个人存放在神经系统的资本，一个人养成好的习惯，一辈子都用不完它的利息；养成一种坏习惯，一辈子都偿还不清它的债务。

美国哈佛大学教授皮鲁克斯说："好的习惯是绝大多数人迈动双脚的动力，它对成功的影响力不可小觑。对于孩子来说，一定要及早养成更多的好习惯，驱除坏习惯的侵扰。"

1998 年 5 月，美国华盛顿大学请来世界巨富沃伦·巴菲特和

盖茨演讲。学生们问道：“你们怎么变得比上帝还富有？”巴菲特说：“这个问题非常简单，原因不在智商。为什么聪明人会做一些阻碍自己发挥全部功效的事情呢？原因在于习惯。”盖茨表示赞同。是好的习惯造就两人辉煌的人生，缔造了财富的王国。

研究证明，一个人的日常活动，其中90%是通过不断地重复某个动作，使之在潜意识中转化为程序化的惯性，也就是不用思考，自动运作。这种自动运作的力量，即习惯的力量。对孩子而言，习惯的力量对他们产生的影响更大。著名的“铁娘子”、英国前首相撒切尔夫人在谈及习惯与生活细节时说：“有时事务太忙，我也可能感到吃不消，但生活的秘诀实际上在于把90%的生活细节变成习惯，这样你就可以习惯成自然了。毕竟你想都不用想就去刷牙，这就是好习惯。”

著名教育学家马卡连柯曾经说过：教育孩子，首先要对孩子提出尽可能高的要求，对孩子要尽可能表现出发自内心的尊重。孩子智力开发与艺术素质从小培养固然重要，但生活习惯的教养也绝不能忽视，且教育必须从生活细节开始。

实际上，教育就是由一个个细节组成，而细节串联起来就成了习惯。儿童教育最重要的就是培养好习惯，幼儿时期是养成生活习惯的最佳时期，小学阶段可能是养成品德习惯的最佳阶段，中学时期可能是养成学习习惯的最佳时代。但是，容易的并非可以自然形成，困难的未必就不能做到，最佳的也仅仅是一种可能。所以准确地说，人的一生都是不断养成好习惯和改正坏习惯的过程。

对父母而言，他们的第一责任是教育孩子。而教育孩子的第一位就是培养孩子的好习惯。教育孩子，先从做一个好父母开始。做好父母，应该从身边的小事做起，以身作则。在学习、读书习惯方面，父母也要和孩子一起养成。如共读一本书，可以教孩子看，可以讲成故事给孩子听，还可以让孩子“教”你看，讲成故事给你听。看一本好书，可以让孩子获得成长的快乐。

科学家曾发现，一个好习惯的养成仅需要 21 天的时间，一旦孩子养成某个习惯，就意味着他将终身享用它带来的好处。正如奥格·曼狄诺所说:“事实上，成功与失败的最大分界，来自不同的习惯。好习惯是开启成功的钥匙，坏习惯则是一扇向失败敞开的门。”注重习惯的力量，从小培养孩子良好的习惯吧！这对你孩子的一生都有重要影响。

“习惯真是一种顽强而巨大的力量，它可以主宰人生！”对于孩子来说，要成就学业、事业，要拥有美好的人生，必须养成一种好的习惯。孩子的未来，其实就掌握在父母手中。如果你希望教育好孩子，那就先从做一个好父母开始。如果你渴望去做好父母，那就先从培养孩子好习惯开始。

孩子的好习惯不是一朝一夕就能形成，而是长期的培养过程。当孩子从生活细节中获得了良好的习惯，会给他今后的学习、生活、工作奠定扎实的基础，还会帮助他树立自信。所以，长期培养孩子的好习惯，即是在寻找成功的方法。

良好的习惯是可以透过教育来实现的

拿破仑·希尔说过："习惯能成就一个人，也能够摧毁一个人。"好习惯是成功的基石。它于经年累月中，影响着我们的品德，塑造着我们的思维方法和行为方式，并且左右着我们的成败。所以说，让孩子培养良好的习惯是十分重要的。

一个好的习惯也可以产生巨大的力量，如果你反复地重复着一件有益的事情，渐渐地，你就会喜欢去做，这样一来，所有的困难都显得微不足道了。习惯的力量是巨大的，它可以冲破困难的阻挠，帮助你走上成功的道路。

让孩子培养良好的习惯最有效的方法就是透过日常的教育来实现。

有个孩子，特别喜欢吃橘子。他妈妈买橘子，总是以 3 的倍数买，如 15 个，21 个，吃橘子时，就由孩子来分，一人一个。有一回，橘子只剩下 3 个了，他把橘子拿在手里，没像往常一样送过来，而是用眼睛看着爸爸妈妈，意思就是说，就剩 3 个了，你们俩还吃呀？

妈妈给丈夫使个眼色：吃。结果爸爸妈妈一边剥橘子，儿子一边流眼泪。他妈妈事后说："天呀，我把这个橘子吃下去，一点味儿也没吃出来。但要让孩子心里有别人，有好吃的大家一块分享，要让他从小就有份额意识和与别人分享的习惯，我必须那样做。"

孩子长大后考上了北京大学，亲戚朋友很高兴，这个给50块钱祝贺，那个给100块，一共给了500块钱。过春节时，妈妈惊讶地发现，他把500块钱装了一个红包给奶奶，这让她有一股欣悦之情。

这个大小伙为什么变得这么有孝心，一般孩子看见老人给的压岁钱不多还不高兴，哪有给老人压岁钱的？这就是从小培养起来的习惯。

要孩子形成一个好的习惯，父母就要先有一个好心态，不要期望着今天告诉孩子应该怎么做，明天孩子就能如你所愿表现出你所期望的行为。父母要明白“欲速则不达”的道理，要有充分的耐心，加上科学的方法，才能帮孩子养成良好的习惯。

有一个培养习惯的方法叫作“21天习惯养成法”。行为心理学研究表明：21天以上的重复会形成习惯；90天的重复会形成稳定的习惯。即同一个动作，重复21天就会变成习惯性的动作；同样道理，任何一个想法，重复21天，或者重复验证21次，就会变成习惯性想法。所以，一个观念如果被别人或者自己验证了21次以上，它一定已经变成了你的信念。这正是人们常说的“21天习惯养成法”。

“21天习惯养成法”把习惯的形成大致分成三个阶段。

第一阶段：1～7天。此阶段的特征是“刻意，不自然”。你需要十分刻意提醒自己改变，而你也会觉得有些不自然，不舒服。

第二阶段：7 ~ 21 天。不要放弃第一阶段的努力，继续重复，跨入第二阶段。此阶段的特征是“刻意，自然”。你已经觉得比较自然，比较舒服了，但是一不留意，你还会恢复到从前。因此，你还需要刻意提醒自己改变。

第三阶段：21 ~ 90 天。此阶段的特征是“不经意，自然”，其实这就是习惯。这一阶段被称为“习惯性的稳定期”。一旦跨入此阶段，一个人已经完成了自我改造，这项习惯就已经成为他生命中的一个有机组成部分，它会自然而然地不停地为人们“效劳”。

中国青少年研究中心副主任、著名青少年研究专家孙云晓研究发现，培养良好习惯一般需要 6 个步骤：认识习惯的重要、制定行为规范、榜样教育、持之以恒的训练、及时评估引导、养成良好的集体风气，其中，最重要的一步就是：持之以恒的训练。可见，好习惯都是训练出来的。

父母不妨采取“21 天习惯养成法”，对孩子加以训练，循序渐进，培养孩子的好习惯。举例来说，如果孩子在学校比较胆小、不爱积极回答老师的问题，父母可以给孩子进行阶段性的训练，帮助孩子进行完善。

第一阶段：由爸爸充当老师，孩子和妈妈当“学生”，回答“老师”提出的问题，孩子每次主动举手发言 1 次，可以奖励 1 分，到 20 分的时候，可以得到爸爸妈妈给的一份奖励。

第二阶段：请孩子的几个同学来家里，由妈妈来当“老师”，几个孩子一起上课，回答“老师”提出的问题。

第三阶段：把“老师”换成家里的其他亲戚或者朋友，给孩子和爸爸妈妈一起上课，回答“老师”的问题。

当孩子当着同学和其他人的面前也敢于主动举手回答问题时，他也就在不知不觉中改掉了上课不敢回答问题的习惯了。

训练的方法还有很多，要因人而异，因材施教，要根据孩子的不同的年龄，不同的性格气质采取不同的训练方法，这样才能事半功倍达到理想效果。

好习惯的养成需要父母和孩子双方面的努力

史密斯夫妇有 3 个可爱的孩子，3 个孩子乖巧伶俐，学习课业很是自动，史密斯夫妇因此深得邻居羡慕。

其实，孩子们良好的学习习惯是在史密斯夫妇的用心教育下逐渐养成的。史密斯夫妇很注意培养孩子的良好习惯。大儿子还很小的时候，史密斯夫妇就经常和儿子围坐在一张桌子上，教孩子画画和识字，养成一起愉快游戏并学习的习惯。

在他们有了第二个孩子以后，一起学习的好习惯仍然保持着，哥哥读书时，弟弟就在旁边学画画，爸爸妈妈一有空就围在桌边跟他们一起学习。

当又一个小妹妹出生并渐渐长大后，也跟着哥哥们开始自觉地学习。

看到哥哥每天独自一人学习，弟弟妹妹们也有样学样。没过多久，老二也自己找了一张专用的桌子，每天主动的学习。之后，最小的妹妹也在两个哥哥的榜样作用下，找了一张自己的桌子，开始独自学习起来。

年幼时养成的这些生活习惯，都是很“顽固”的。父母如果能像史密斯夫妇一样，静下心来，多花费些时间和精力，和孩子们一起围坐在桌前娱乐一番，不久就会养成孩子平心静气学习的自觉性。

任何一种习惯的培养都不是轻而易举的，都要遵循循序渐进、由浅入深、由近及远、由渐变到突变的原则。

因此，父母要明白，习惯要从小开始培养。在孩子幼儿期，帮助他们形成良好的基本生活习惯，这一点对父母和孩子同样重要。否则等孩子们到了自我意识渐渐形成的年龄，父母过多的指令就会比较容易遭到孩子的反抗。

重视孩子们良好习惯的养成、培养他们健康的性格是重视生命、以人为本的一个具体体现。从小注意孩子良好习惯的养成，是父母们的一种责任。但是，好习惯的养成并不是一件容易的事，它需要父母和孩子双方面的努力。

首先，父母必要时要强制和约束自己的孩子。好习惯不是与生俱来的，很多时候都是靠我们“强制”出来的。

其次，好习惯的养成要靠孩子自己的努力和决心。除了制度的约束、教育的陶冶外，孩子需要依靠自己的决心和勇气，而决心和勇气的来源就要归结于家庭文化，即一个好的家庭环境。

最后，文化是一种更为强大的自然整合力，超越了制度的强制力、习惯的恋旧性，它强大得无须再强调或者强制。它不知不觉地影响着每个人的心理和精神，最终成为一种自觉的群体意识。

试想一下，在一个积极向上的文化环境中，孩子怎么可能总是睡懒觉？在一个团结合作的文化环境中，孩子怎么可能自以为是、目中无人？在一个开拓创新的文化环境中，孩子怎么会唯唯诺诺、人云亦云呢？

良好的习惯和健康的个性之间有着十分亲密的关系，正如印度谚语所说："播种行为，收获习惯；播种习惯，收获性格；播种性格，收获命运。"为了孩子的未来，父母应该更加关注，和孩子一起为孩子养成良好的习惯做奋斗。

习惯的培养要靠恰当的教导和表扬

父母关注、奖赏孩子的恰当行为是增加孩子正向行为、减少负向行为的有效手段。这比只关注孩子的错误行为要好得多，并会增加孩子的竞争意识、自信和自尊，激发孩子积极向上的意愿。关注孩子的正向行为，并给予恰当的教导和表扬，你会发现孩子正在朝着你希望的方向发展。

李伟的妈妈最近因为儿子的坏毛病头疼不已。不知道从什么时候开始，李伟经常忘记把牙刷放到漱口杯里，每次刷完牙，他总是顺手就放在洗手台边，既不卫生，也不整齐。

而且，最令她气愤的是，每次当她指出李伟的错误时，李伟总是一副满不在乎的样子，一边继续自己的问题，一边心不在焉地回答：“知道了。”

第二天，李伟刷完牙后，照例正要顺手把牙刷往旁边搁，突然想起了妈妈的话，于是他认真地把牙刷放到杯子里去，并且还特意摆了摆位置。

不巧的是，妈妈根本没注意到今天这个小小的细节，她把儿子做对摆牙刷的事看作一件很正常的事情。妈妈这样的表现令李伟感到很失望，很没有成就感。以后，李伟再也没有主动把牙刷放在杯子里。

李伟妈妈的失误在于没有对李伟主动把牙刷放到杯子里的行为进行表扬和给予重视，所以打击了李伟这样做的热情与积极性。

父母应该懂得去发现孩子的正确行为，而且予以重视和嘉奖，不要在孩子表现良好的时候漠然处之。表扬孩子的正确行为比责备他们不正确的行为更有效。父母要知道，孩子的每一个好的行动都应受到鼓励，哪怕他做得不是很完美。

在一家州立医院，青少年病房是有等级之分的。一级最低，往上依次是二级、三级、四级。等级越高，享有的特权就越多，例如第三等级的患者有更多的自由，他们可以回家过周末、有较多的自由活动时间、可以在患者商店购物或打工。而当他们升入四级以后，他们就可以出院了。

这家医院的患者基本都是十几岁的少年，当他们刚进入病房时，通常被编入一级，如果表现良好，就会升入二级、三级。但是新上任的院长发现，有很长的一段时间里，大多数患者都在一、二等级，只有少数几个孩子在三、四等级。他一直不明白这是为什么，直到他参加了几次每周的例会。

他发现，在每周的例行大会上，医务人员只是花大把时间指出孩子们的不当行为，而那些遵守规定、行为得当的孩子则只简单地得到一句“保持你的好成绩”便打发了事。于是有些没有得到表达的行为得当的孩子，只是按照原来的方式行事，当然不可能再往上升了。

于是这位新的院长改变了大会的内容，在例会上讨论前一天每一个人的进步。这些十几岁的孩子都被集中在一个房间里，院长用相当长的时间来表扬那些遵守纪律、与医务人员合作的好行为。此后 2 周不到的时间，60% 的孩子都升到了三、四级。

这家医院的成功，仅仅是改变了关注重点，从关注负向行为转为关注正向行为。

当孩子意识到自己存在的问题，下决心改正时，父母一定要表示赞赏，给予鼓励，进行强化。不要用过于严苛的态度来应对孩子的错误，更不要讽刺他，同时对孩子改正错误的行为也绝不要失去信心，需要给他们多点耐心和宽容。

培养孩子的自制习惯，等于孕育孩子成功的未来

贝利从小就显现出非凡的足球天赋，他常常踢着父亲为他特制的“足球”——用一个大号袜子塞满破布和旧报纸，然后尽量捏成球形，外面再用绳子捆紧。贝利经常在家门前那条坑坑洼洼的小街，赤着脚练球。尽管他经常摔得皮开肉绽，但他始终不停地向着想象中的球门冲刺。

渐渐地，贝利有了些名气，许多认识不认识的人常常跟他打招呼，还向他递烟。像所有未成年人一样，贝利喜欢吸烟时的那种“长大了”的感觉。

有一次，当贝利在街上向别人要烟的时候，父亲刚好从他身边经过，父亲的脸色很难看，贝利低下头，不敢看父亲的眼睛。因为，他看到父亲的眼睛里有一种忧伤，有一种绝望，还有一种恨铁不成钢的怒火。

父亲说：“我看见你抽烟了。”

贝利不敢回答父亲，一言不发。

父亲又说：“是我看错了吗？”

贝利盯着父亲的脚尖，小声说：“不，你没有。”

父亲又问：“你抽烟多久了？”

贝利小声为自己辩解：“我只吸过几次，几天前才……”

父亲打断了他的话，说：“告诉我味道好吗？我没抽过烟，不知道烟是什么味道。”贝利说：“我也不知道，其实并不太好。”贝

利说话的时候突然绷紧了浑身的肌肉，手不由自主地往脸上捂，因为，他看到站在他跟前的父亲猛地抬起了手。但是，那并不是贝利预料中的耳光，父亲把他搂在了怀中。

父亲说："你踢球有点天分，也许会成为一名优秀的运动员，但如果你抽烟、喝酒，那就到此为止了。因为你将不能在 90 分钟内保持一个较高的水准。这事由你自己决定吧。"

父亲说着，打开他瘪瘪的钱包，里面只有几张皱巴巴的纸币。父亲说："你如果真想抽烟，还是自己买比较好，总跟人家要，太丢人了，你买烟需要多少钱？"

贝利感到又羞又愧，眼睛里涩涩的，可他抬起头来，看到父亲的脸上已是泪水纵横……后来，贝利再也没有抽过烟。他凭着超人的自控能力和不懈的勤学苦练，终于成了一代球王。

柏拉图说："就人本身而言，最重要和最重大的胜利是征服自己，而最可耻和最可鄙的莫过于被自己的私欲所征服。"人贵在自制，自制是一切好习惯之本，当一个人有了自制的习惯，便不会因为懒散而养成拖拉的习惯，不会因为没有耐心而养成做事有头无尾的习惯，也不会因为虚荣心作祟而养成撒谎的习惯。所以，孩子要养成好习惯，就首先要会自制。

而有自制习惯的孩子，才能在人生的大海中扬帆远航，到达胜利的彼岸。因为任何人要成就大的事业，都不能随心所欲、感情用事，必须对自己的言行有所克制，这样才能使自己的错误、缺点得到抑制，为自己的成才之路扫清道路。

高尔基说：“哪怕是对自己的一点小小的克制，也会使人变得强而有力。”德国诗人歌德说：“谁若游戏人生，他就一事无成，不能主宰自己，永远是一个奴隶。”一个人要想成为能够主宰自己命运的强者，成就一番事业，就必须对自己有所约束、有所克制。因此，对孩子的自控教育是家庭教育必不可少的内容之一，培养孩子的自制习惯也是父母育子的一大重要环节。

但是人的自制能力和自我管理能力并不是天生的，它和人的其他能力一样，都是后天开发出来的，每个人的自我管理能力都是可以不断提高的。尤其是孩子，他们的自控能力在日常生活中会逐渐提高。作为父母，要有意识地提高孩子的自控力，要培养起孩子自制的习惯，可以从以下几个方面做起：

第一，从日常生活小事做起。人的自制力是在学习、生活、工作中的小事中培养、锻炼起来的。许多事情虽然微不足道，但却影响到一个人自制力的形成。如早上按时起床、严格遵守各种制度、按时完成学习计划等，都可积小成大，锻炼自己的自制力。

第二，告诉孩子要对自己多分析，找出自己在哪些活动中、何种环境中自制力差，然后拟出培养自制力的目标步骤，有针对性地培养自己的自制力；然后是对自己的欲望进行剖析，扬善去恶，抑制自己的某些不正当的欲望。

第三，进行暗示和激励。自制力在很大程度上就表现在自我暗示和激励等意念控制上。意念控制的方法有：在孩子紧张时，为孩子念一些建立信心、给人以力量的话，时时提醒、激励他们；在面临困境或诱惑时，利用口头命令，如“要沉着、冷静”，以组织孩子自身的心理活动，使其获得精神力量。

第四，要孩子经常进行自省。如当他们学习时忍不住想看电视，让孩子马上警告自己管住自己；当遇到困难想退缩时，马上警告自己别懦弱。这样往往会唤起孩子的自尊，战胜怯懦，成功地控制自己。

“马上去做”的习惯，是现代成功人士的做事理念

从前，有一个优秀的女孩叫莎丽·安东尼奥，她是大学艺术团的歌剧演员。在一次校际演讲比赛中，她向全校的师生展示了一个最为璀璨的梦想：大学毕业后，先去欧洲旅游1年，然后要在纽约百老汇中成为一名优秀的主角。

当天下午，莎丽的心理学老师找到她，尖锐地问了一句：“你今天去百老汇跟毕业后去有什么差别？”

莎丽仔细一想：“是呀，大学生活并不能帮我争取到百老汇的工作机会。”于是，莎丽决定1年以后就去百老汇闯荡。

这时，老师又冷不丁地问她：“你现在去跟1年以后去有什么不同？”莎丽苦思冥想了一会儿，对老师说，她决定下学期就出发。老师紧追不舍地问：“你下学期去跟今天去，有什么不一样？”

莎丽有些眩晕了，想想那个金碧辉煌的舞台和那只在睡梦中萦绕不绝的红舞鞋……她终于决定下个月就前往百老汇。

老师乘胜追击地问："1个月以后去，跟今天去有什么不同？"莎丽激动不已，她情不自禁地说："好，给我1个星期的时间准备一下，我就出发。"

老师步步紧逼："所有的生活用品在百老汇都能买到，你1个星期以后去和今天去有什么差别？"

莎丽终于双眼盈泪地说："好，我明天就去。"老师赞许地点点头，说："我已经帮你订好明天的机票了。"

第二天，莎丽就飞赴到全世界最巅峰的艺术殿堂——美国百老汇。当时，百老汇的制片人正在酝酿一部经典剧目，几百名各国艺术家前去应征主角。按当时的应聘步骤，是先挑出10个左右的候选人，然后，让他们每人按剧本的要求演绎一段主角的对白。这意味着要经过百里挑一的两轮艰苦角逐才能胜出。

莎丽到了纽约后，并没有急于去漂染头发、买漂亮的衣服，而是费尽周折从一个化妆师手里要到了将排的剧本。这以后的2天中，莎丽闭门苦读，悄悄演练。正式面试那天，莎丽是第48个出场的，当制片人要她说说自己的表演经历时，莎丽粲然一笑，说："我可以给您表演一段原来在学校排演的剧目吗？就1分钟。"制片人首肯了，他不愿让这个热爱艺术的青年失望。

而当制片人听到传进自己鼓膜里的声音，竟然是将要排演的剧目对白，而且，面前的这个姑娘感情如此真挚，表演如此惟妙惟肖时，他惊呆了！他马上通知工作人员结束面试，主角非莎丽莫属。就这样，莎丽刚来到纽约就顺利地进入了百老汇，为自己的梦想穿上了红舞鞋。

有一位心理学家多年来一直在探寻成功人士的精神世界，他发现了两种本质的力量：一种是在严格而缜密的逻辑思维引导下艰苦工作；另一种是在突发、热烈的灵感激励下立即行动。

当可能改变命运的灵感在世俗生活中喷发时，绝大多数人习惯于将它窒息，而后又回到原来的生活常轨：什么时候该做什么照常做什么。他们并没有意识到，内在的冲动是人类潜意识通向客观世界的直达快车。

威廉·詹姆斯说："灵感的每一次闪烁和启示，都让它像气体一样溜掉而毫无踪迹，这比丧失机遇还要糟糕，因为它在无形中阻断了激情喷发的正常渠道。"

如此一来，人类将无法聚起一股坚定而快速应变的力量以对付生活的突变。

世间永远没有绝对完美的事，"万事俱备"只不过是"永远不可能做到"的代名词。一旦延迟，愚蠢地去满足"万事俱备"这一先行条件，不但辛苦加倍，还会使灵感失去应有的乐趣。以周密的思考来掩饰自己的不行动，甚至比一时冲动还要错误。

所以，父母要教育孩子马上去做！亲自去做！这是现代成功人士的做事理念，任何规划和蓝图都不能保证孩子的成功，而只有孩子养成"马上去做"的习惯，才是真正在向成功出发。

天下最可悲的一句话就是："我当时真应该那么做却没有那么做。"

孩子如果只是沉浸在不切实际的幻想中，梦想着天上掉馅饼儿，而不是脚踏实地地付诸行动，那么幻想恐怕永远都是幻想。正所谓一分耕耘一分收获，天上掉馅饼儿的事的确有，但它不一定偏偏就掉在你头上。要想获得成功，只有辛勤地耕耘、劳作，只有从现在开始，马上做！

一张地图，无论多么翔实，比例多么精确，它永远不可能带着主人周游列国。一个人生规划，不管多么周密，也不可能永远指挥着孩子向前迈进。只有行动才能使地图具有现实意义！只有行动才能赶得上超出计划的变化！

所以，父母要让孩子知道，很多事业有成的人之所以能取得今天的成就，不是事先规划出来的，而是在行动中一步一步经过不断调整和实践出来的。因为任何规划都有缺陷，规划的东西是纸上的，与实际总是有距离的，规划可以在执行中修改，但关键还是要马上去做！根据孩子的目标马上行动，没有行动，再好的计划也是白日梦。让孩子现在就动手做吧！让孩子养成"马上做"的习惯，迎接成功的到来吧！

第六章

责任感是成长的“维生素”，彰显孩子良好的教养

“一人做事一人当”，不要替孩子的过失包揽责任

一个中学生抢了别人的钱，爸爸带着他寻找被抢的小学生，整整找了1个星期。

事情的起因是，小学三年级学生李溪一天放学后在回家的路上走，两名中学生拦住了他的去路，“喂，借点钱给我们用用。”10岁的李溪虽说从来没碰到过这种场面，但也毫不示弱地说：“我不认识你们，没钱。”其实，那两个人早就看到他的裤袋里藏了个鼓鼓的钱包，于是干脆抢了就跑。这可是李溪攒了180天的零用钱，共180元。他哭着喊着去追赶，可哪里还追得上。

1个星期后，李溪在班主任许老师的护送下，与同学一起排队走出校门。上次抢钱的一名中学生出现了，不同的是，这次他的身边还站着一个大人。大人把李溪叫到一边说：“对不起，我儿子不争气，抢了你的钱包。你的180元钱现在在他同学手里，我马上通知那个同学的家长。”只一刻钟，当时结伴的另一名中学生也赶到了，大人让两个孩子一起向李溪道歉。

原来，这名中学生的父亲得知儿子与同学合伙抢了一名小学生的钱包后，寝食不安，仅凭儿子一句“那个学生可能在某某学

校读书”，他便每天在上学放学时，带着儿子到那一带的小学逐个认人，终于发现了背着书包排队出来的李溪……

这位正直勇敢的父亲发现孩子的小过错时，严厉地指出并教育孩子，让孩子认识到自己的错误，并学会为自己的错误埋单。

生活中存在这样一种普遍现象：大多数人都不认为自己是坏人。即使自己有邪恶的行为，他们也会极力为自己寻找开脱的理由，减轻良心的不安。这就是心理学上的“自我宽恕定律”。我们每一个人对自己的错误，都有回避和推卸的心理倾向，常常是发现别人的错误容易，却不容易看到自己的错误。比如，我们不喜欢被人议论，可是我们自己却喜欢背后议论人。我们自己的自私、善妒等品质，我们自己总是认识不到；如果别人对我们这样，我们却反应强烈。

一个人如果对自己的错误行为都不能负责，就更难对他人负责。这样的人是可悲的，既不会得到别人的信任，也不会得到社会的承认。做父母的都希望自己的孩子是一个有责任感的、能够对自己的行为负责的人，因为每个父母都希望自己的孩子能够融入社会，被周围的人所接受。那么，当孩子犯错误之时，我们绝不能毫无原则地让步，更不能姑息放任。而是让孩子学会为自己的错误埋单。

孩子的天性趋向于“自我宽恕”，他们并非天生就有承担责任的能力，他们的责任感是随着年龄的增长和心智的逐渐成熟而形成的。因此，父母在教育孩子的过程中，应有意识地教育孩子对自己的行为负责，为自己的过错埋单，让孩子明白自己的不良行为给他人带来的严重影响。

一些父母在孩子有了过失之后，常常为了面子而否认说：我的孩子不会这样做。或者是代替孩子出面道歉认错，替孩子承担过失的责任。这样的父母只会培养出来遇事逃避责任的懦夫。父母必须明白：孩子一旦做下错事，让他悔过自省，向人致歉，对培养孩子的责任感，实际上是一次良好的机会。让孩子直接道歉，有助于深化孩子对错误的认识，养成“一人做事一人当”的习惯。虽然有时父母代子女承担责任向别人道歉，亦有其必要性，然而，这也仅限于不具表达能力的幼儿而已；对于已能分辨是非的孩子，父母就应该尽量从旁辅助，让他们做一个对自己勇于负责的人。作为父母，我们要时刻牢记孩子是一个独立的人，同时又是一个特殊的人，我们不能把孩子看成自己的“面子”，孩子闯祸我们没脸，孩子很乖我们就得意扬扬。孩子需要通过错误成长，需要我们帮助，而不需要我们包容。

里卡尔达·胡赫说：“独自承担自己行为的责任，独自承担这些行为的哪怕是最沉重的后果，正是这种素质构成了人类伟大的人格。”

一个有伟大品格的人是善于为自己的行为负责的，成年人要为自己的行为负责，孩子也应该从小养成为自己行为负责的习惯，这样将来才能承担起生活的责任和人生的义务。

要想让孩子成长为一个有责任感、勇敢的人，父母应该从小教育孩子为自己的行为负责，培养孩子承担责任的思想意识。这样，才能使孩子树立起责任心，长大能成为一个有责任心的人。

孩子学会道歉，是学会承担责任的一种表现

小洋坐在靠近门边的书桌前写作业，外面风很大，作业本被风吹得“啪啪”直响。于是小洋不得不一次次跑去关门，每次关上没多久，猛烈的风就又把门吹开了。

这时，邻居有事来找妈妈，她没有进门，便和妈妈两人站在大门外闲聊起来。

恰巧此时门又被风吹开了，小洋跑过来用力关门，只听外面传来一声痛苦的叫喊声。

小洋打开门惊恐地看到，门外的妈妈五官痛苦地扭曲在一起，看到小洋出来，妈妈暴怒地冲他扬起了手。原来，刚才妈妈的手放在门框上，小洋突如其来的关门，差点把妈妈的手指夹断。

小洋吓坏了，以为这次免不了一顿暴打。但是妈妈的巴掌一直没有落下来，小洋的脸颊感受到的也仅仅是一阵掌风而已。

事后，手指受伤的妈妈对小洋说：“当时我实在痛得厉害，原想狠狠地打你一个耳光。但是，转念一想，是我自己把手放在夹缝处的，错的人是我，凭什么打你？”

小洋的妈妈用自己的行动告诉了小洋一件事情，那就是要勇

于承担自己的责任，敢于说对不起。

有的父母认为孩子做错事时道不道歉并不重要，只要孩子下次注意就可以了，但是当错误产生时，父母一旦无原则地让步，对孩子姑息放任，就会变相地提示孩子，自己的错误可以不用承担。

“对不起”这三个字虽然看起来很平常，但却蕴藏着无穷的力量。

试想，当你在路边散步时，突然被一个骑自行车的人撞到了，正当你怒发冲冠准备发火的时候，那人轻轻地对你说了声“对不起”，你要生的气是不是就生不起来了。在生活中，当我们和别人发生了什么不愉快的事情时，若能够做到礼貌，时时多讲两句对不起，那许多大事就可以化小，小事便可以化无了。

而且，更重要的是，让孩子学会说“对不起”，其实是教育孩子要勇于承担自己的责任。一个做错了事而不敢去承担的人，就是一个没有责任感、没有价值感的人，他无法认识到自己在社会中的地位与重要性，也找不到前进的方向，就会失去创造的动力，最终将一事无成。这样的孩子是可悲的，这样的父母也是失败的。

一位哲人曾说，犯错是人的惯常行为之一，错误本身并没有可怕之处，最让人担忧的是，当错误已成事实的时候，我们却选择了逃避，而没能从中学到生活的经验。父母作为孩子最亲近的人，应该教孩子学会说“对不起”，让他学会承担起属于自己的责任。

每个人都不是天生就具有责任感的，都是在适宜的条件和环境下萌发的，并随着年龄的增长和心智的逐渐成熟而形成。因此说，家庭是孩子责任感赖以滋长的土壤，父母对待孩子的态度以及教育方法，是孩子的责任感能否形成的重要条件。

为了教育好自己的孩子，父母需要注意以下几点：

首先，一定要说对不起。当孩子犯了错误时，千万不要偏袒他们，而应该让他们为自己的行为担起责任。逃避责任，只会让孩子留下人生的硬伤，甚至一错再错。比如孩子吃饭的时候打翻了自己的碗，要向父母说对不起；不小心踩了小朋友的脚，也要马上道歉，说自己不是故意的。

其次，要给孩子做最好的表率。父母错怪孩子的时候，也要勇于向他们道歉。比如你发现自己晾在阳台的衣服不翼而飞了，你以为是孩子淘气藏了起来，便不听孩子的解释把他教训了一顿，当你发现衣服其实是被风吹到了楼底下的时候，不能放不下面子就这样算了，相反，你应该马上向他道歉，孩子便能感同身受，下次自己遇到这样的事情，才会勇于承担。以身作则，是教育孩子的最好方法。

最后，教孩子做一个和善的人。当自己受到触犯的时候，要勇于原谅别人的错误，学会换位思考，比如在餐厅吃饭，一个小朋友不小心把饮料泼在了孩子身上，这个时候可以教孩子想一想：“如果你是他的话，一定已经非常内疚了，我们就不要再责怪他了。”让孩子做一个大气、宽容的人，才能得到幸福和快乐。

责任感不可以强加，只能从内心产生

有一个小伙子，他的父亲只是一名贫穷的油漆工，仅仅靠着微薄的打工收入供他念完高中。这一年，他有幸被美国著名学府——耶鲁大学录取，但是，他却因为缴纳不起昂贵的学费，而面临着辍学的危险。于是，他决定利用假期，像父亲一样外出做油漆工，以期挣够学费。他到处揽活，终于让他接到了一栋大房子的油漆任务。尽管主人是个很挑剔的人，不过他给的价钱不低，不但能够缴清这一学期的学费，甚至连生活费也都有了着落。

这天，眼看着即将完工了。他将拆下来的橱门板，最后再刷一遍油漆。橱门板刷好后，再支起来晾干即可。但就在这时，门铃突然响了，他赶忙去开门，不想却被一把扫帚给绊倒了，绊倒了的扫帚又碰倒了一块橱门板，而这块橱门板又正好倒在了昨天刚刚粉刷好的一面雪白的墙壁上，墙上立即有了一道清晰可见的漆印。他马上动手把这条漆印用切刀切掉，又调了些涂料补上。等一切被风吹干后，他左看右看，总觉得新补上的涂料色调和原来的墙壁不一样。想到那个挑剔的主人，为了那即将得到的酬劳，他觉得应该将这面墙再重新粉刷一遍。

终于，他累死累活地干完了，可第二天一进门，他又发现昨天新刷的墙壁与相邻的墙壁之间的颜色出现了一些色差，而且越是细看越明显。最后，他决定将所有的墙壁重刷……

最后，就连那个挑剔的主人也对他的工作很满意，付足了他的酬劳。但是这些钱对他来说，除去涂料费用，就已经所剩无几了，根本不够交学费的。

屋主的女儿不知怎么知道了事情的原委，便将事情告诉了她的父亲。她父亲知道后很是感动，在女儿的要求下，同意赞助他上完大学。大学毕业后，这个年轻人不但娶了这个屋主的女儿为妻，而且还走进了这个人所拥有的公司。十多年以后，他成为这家公司的董事长。他就是如今拥有世界五百多家沃尔玛零售超市的富商——萨姆·沃尔顿。

看完了这个故事，也许有人会觉得那个青年做事太死板了，那个屋子又不是自己的，何必那么辛苦地来回折腾呢。的确，这个青年的做法在有些人眼里是愚蠢的表现，但也正是一种负责任的表现。假如他当时只是为了赚钱，而敷衍了事，把那个屋子的墙随意地粉刷一下，那么，他或许只能赚得粉刷的钱，那就不会有屋子主人后来对他的资助了，更不可能会有自己的事业。屋子主人之所以要资助沃尔顿上大学，是因为他从一件小事中看到沃尔顿是一个具有责任感的人，而具有责任感的人是每个人都喜欢的。

世界各地的父母们为了把自己的子女培养成有责任感的人，寻找着各种方法。在许多家庭里，父母希望通过日常琐事来找到这个问题的解决方法，例如倒垃圾、做饭、给草坪割草、洗盘子等，而且许多父母相信这些行为对培养宝贝的责任感是有效的。

但事实上，这些日常琐事尽管对持家很重要，但对培养责任感可能并没有积极的影响。如果强制坚持让子女做这些日常家务，子女虽然是顺从了，厨房、院子更干净了，但是，这样做对子女责任感的塑造毫无作用，甚至对性格的塑造可能有不良的影响。

很明显的事实是责任不可以强加。责任感只能从内心产生，由从家庭中和社区中吸取的价值观中慢慢培养和指导。没有积极的价值观来支撑的责任感可能会危害社会，具有破坏性。

尽管孩子可能很礼貌，把自己和房间都收拾得很整洁，家庭作业也做对了，但是他们还是会做出不负责任的决定，特别是那些整天被告诉该干什么的孩子，他们很少有机会去实践自己的判断能力，很少有机会自己做出选择、培养自己内心的标准，因此更容易做出不负责任的决定。

但是，那些有机会自己做决定的孩子，在成长中，精神上会变得自立，他们能够像成年人一样选择适合自己的伴侣和工作。

子女们究竟能学到多少我们希望他们知道的东西，取决于他们内心对我们教导的情感的反应。价值观不可以直接传授。子女们只会被那些他们爱戴、尊敬的人同化，通过模仿他们，孩子们吸收了他们的价值观，并且成为孩子自己价值观的一部分。

这样一来，培养子女们责任感的问题再次回到了父母身上，或者更精确地说，回到了父母的价值观问题上，所以，如果父母想让自己的子女从内心产生责任感，在对子女教育的过程中一定要表达正确的价值观，这样的效果会比较显著。

把价值观纳入责任感教育中来

一位爸爸对儿子说："今天奶奶在的时候，你真是一个好帮手，我很高兴你能扶奶奶从沙发上站起来。"

"真的？"8岁的金惊讶地看着爸爸，没想到爸爸会注意到他的行为。当时他根本没注意到这些小的细节。爸爸让儿子知道这些和善、关怀的举止，对一个人来说很重要。

这种家庭价值观，可以随时从生活中取得，随时教育孩子，一代传给一代。

有时候，父母们可以有选择地教导孩子他们可能疏忽的好行为。比如，如果女儿刚学会一种新的编织手镯法，她的所有好友都很喜欢这种手镯，于是女儿就开始做手镯送给她们，并为她们挑选适合的颜色。

对于这件事，父母可以表达几种不同的看法。她可以赞赏女儿的艺术天赋——你做的手镯真好看，你对颜色也很有品位。也可以说些比较有商业眼光的话——这些手镯做得太好了，简直可以卖给那些工艺店了。但是这个父母却充满爱意地说："你真是个善解人意的女孩，能送给每个朋友她们所喜欢颜色的手镯。"父母让女儿觉得，她特别欣赏女儿的善解人意及一颗为别人着想的心，进而为女儿的价值判断铺路。

当然，不同的家庭有不同的价值观，对事情的允许程度也各不相同，但重点在于，父母应影响孩子，让他们喜欢自己并建立起是非辨别的能力及正确的道德观。

即使我们没把话说出来，孩子也能明白我们的意思，但这并不表明他的认知就能和行为画上等号。等他们长大成熟后，必然会有自己的风格和价值观。虽然孩子的价值观不一定绝对会和父母的一样，但只要孩子能为自己的行为负责，父母都应该感到高兴才对。

特别是在青少年阶段，隐约出现的压力会逐渐成为影响孩子生活的主要因素。父母不可能永远陪在孩子身边，也不能永远为他们做正确的选择，这也就是为什么要教导孩子伦理道德方面价值判断的原因。因为这样，当他们走到十字路口时，就会有坚韧的信心重新振作，去做正确的事。

父母的行为其实更重要。告诉孩子说谎不对，所以要受罚，但是孩子们会怎么想呢？把话当耳边风！如果要孩子遵守规范，父母们就得先以身作则。希望孩子做自己，有自我形象，绝非取决于别人的赞同与否，要他们一切全凭本事，去判定自己是否成功。

10 岁的罗潮常到隔壁的杂货店去买东西，有时候是去帮妈妈买东西，有时候是自己去买饼干、汽水。他发现，当店员很忙时，有的小孩就会趁机偷东西。有一次，罗潮急急忙忙跑进杂货店买饼干，口袋里却只有妈妈给他买牛奶和鸡蛋的钱。他知道如何趁店员埋头看杂志时偷东西，但罗潮不打算这么做。他知道爸妈会因他的偷窃行为伤透了心，正是因为爸妈的不赞同，降低了他的行动力。

10岁的罗潮就已将家规融为内在道德，知道偷窃是不对的。虽然环境让他有做坏事的诱因，但在他内心深处，是拒绝诱惑，拒绝偷窃的。

而且打造孩子的责任感，需要做父母的能清醒地意识到这一切都应从小事抓起，树立孩子正确的人生观与价值观，才能最终让孩子遂着父母的心愿健康成长。

所以父母对孩子进行责任感教育的时候，不妨把对孩子的价值观教育纳入进来，这样一来，就能更好地促进对孩子责任感的认识。

孩子的责任心要从小注意培养

责任感是一种高尚的道德情感，是一个人对自己的言论、行为、承诺等，持认真负责、积极主动的态度而产生的情绪体验。例如，实现了承诺，完成了任务时感到满意，心安理得；由于客观原因未能达到要求，但尽了主观努力时，感到遗憾、问心无愧，未尽到责任时则感到惭愧、不安、内疚等。责任感一旦产生，就会成为一种稳定的个性心理品质，可以有效地提高学习积极性，自觉加强意志锻炼，促进个性的全面发展。

孩子的责任感是从对具体事物产生喜爱开始的，起初表现为对他所敬爱的人交给的任务有责任感，而对其他人交给的同样任务没有责任感；对他爱做的事有责任感，对他不爱做的事没有责任感；以后发展为能对自己说过的话、应该完成的任务负责，对同伴、集体负责；到青少年期便能形成更抽象、更概括的责任心，对国家负责，对人民负责，对事业负责。

责任感的培养应当从幼年时期开始，从孩子懂事起，父母就可以注意着手培养了。例如，可以让孩子做自己力所能及的事，做一些简单的家务，首先让自己负责自己；入学以后，可以让他们帮助邻居分发委托，为他人或集体做些有益的公益性劳动时，通过自己的劳动获得肯定的评价，在产生满足和愉快的内心体验的过程中，才能培养起强烈的责任感。

有一位德高望重的教师，曾谈到他的“育儿观”：“我很少过问孩子的学习成绩，我只要知道他有兴趣，肯用功就够了。但是，对于他的习惯，为人处世，我是一点也不敢马虎。”他谈到在德育方面的教育以责任感为最重要。如要一个人连起码的对父母、对朋友、对子女、对社会的责任感都没有，这个人肯定要走向犯罪。

父母可以从以下几方面培养孩子的责任感：

1. 要教育孩子自己的事情自己做。凡是孩子力所能及的事，例如穿鞋、穿衣、刷牙、洗手等都要他自己去做，父母不要全部都包办代替，使他们产生什么都不管，什么都不负责的心理。

2. 要教育孩子关心自己的亲人和家庭。父母应该要求孩子主动关心家里的老人、病人和比自己年幼的弟、妹，要做一些力所能及的家务劳动，让孩子在家庭生活的磨炼中形成责任感，进而上升为对家庭、对父母负责。

3. 在学习过程中培养孩子的责任感。要让孩子了解父母等亲人对他的期望与信任，把学习当成自己必须完成的任务。当孩子在学习过程中遇到困难思想动摇时，父母要鼓励孩子克服困难坚持下去；当孩子完成学习任务、成绩有了进步时，父母要及时肯定、鼓励，让孩子体验到完成任务时的满足与喜悦。

4. 在社会活动中培养孩子的责任感。父母可有意识地安排孩子帮助孤寡老人、残疾人做点事，带孩子参加居民区的卫生、绿化劳动，鼓励孩子在幼儿园、学校做好值日工作，等等。在社会活动的实际锻炼中，使孩子逐渐感受到自我存在的社会价值，不断增强他们的社会责任感。

5. 树立起他们勇敢承担责任的态度。在孩子闯祸或犯错误时，能有“我要怎么来补偿？”的心理，而不是用推诿的态度来对待，尽找一些客观原因说：“那不是我造成的。”只要是孩子独立行为的结果，就要鼓励孩子敢作敢当，不逃避责任，勇于承担后果，父母不要一味帮他承担一切，以免孩子丧失处事为人的责任感。

每一个人格健全的孩子，责任感是十分强烈的。一个没有责任感的孩子什么事情也难以干成，任何事情也做不好。培养孩子的责任感要从点点滴滴的小事抓起，使他们逐渐做到对个人负责，对班级负责，对家庭负责，最终培养起对国家、对民族的强烈责任心，将来成为建设祖国的有用人才。

帮孩子丢掉依赖，是培养孩子责任意识的开始

有一位妈妈领着4岁半的儿子去游玩，遇到一个土坑，儿子非要下去玩。当儿子玩得高兴时，妈妈躲到不远处的地方，不让儿子看见。儿子玩够了，要上来，开始喊妈妈。妈妈却一声不吭，装作没听见。儿子开始直呼其名，她还是不理。于是，儿子连哭带骂："坏妈妈，大坏蛋！呜呜……" 可无论怎样哭喊都不见妈妈露面，儿子只好自己想办法。他发现土坑里有一个小阶梯，便手脚并用地爬出了土坑。当他发现妈妈就在不远处蹲着时，便惊喜地扑上去，高兴地举着小拳头自豪地说："我是自己爬上来的！没有妈妈，我自己也能爬上来！"

孩子由于小，父母出于对孩子的关爱，无微不至地照料孩子吃穿住行、安排和规定好孩子的学习生活、让孩子听家长的命令行事，这种做法在孩子很小的时候是可取的，但随着孩子年龄的增长、自立能力的增强，父母就不能拘泥于这种方法了，因为这样容易使孩子产生严重的依赖心理，影响孩子独立自主地成长。父母这时的主要任务就是要锻炼孩子们的自理能力，渐渐帮助他们改掉依赖的习惯。其实改掉依赖的习惯也是培养孩子责任意识的开始。

如果孩子什么事都依赖父母，那他自然不会想要自己做自己的事，自然也就不会有自我责任感，这是人类惰性的使然。而父母不可能让孩子依赖一生，真正的爱是要培养其独立自主的能

力。帮助孩子改掉依赖的习惯，做父母的就应该从自身做起严格要求自己，不能什么事情都代替孩子做。因为孩子本身就是一个独立的个体。孩子也有独立的人格、尊严和决定自己未来的权利。

每个孩子都有自身的特性和幸福、快乐。有的父母不顾孩子的天性和意愿，以过来人自居，越俎代庖地为孩子一生画下明确的路线，让孩子按照自己制定的目标和路线去努力。而有些父母让孩子完全脱离集体这个大环境，在与世隔绝的状态下按自己的方式教育孩子，给孩子的心理造成难以消除的阴影，造成孩子性格扭曲，孩子成了满足自己心理愿望的工具。这样的做法看起来似乎是为了孩子的将来，实际上不利于孩子责任意识的养成和培养，也是父母极为自私和残酷的体现。

鲁迅先生曾说："子女是即我非我的人，但既已分立，也便是人类中的人。因为即我，所以更应该尽教育的义务，教给他们自立的能力，帮助他们改掉依赖的品行，锻炼他们的责任意识；因为非我，所以也应同时解放，全部为他们自己所有，成为一个独立的人。"鲁迅先生的话正表达了这样一种现代教育观念：子女，是我的孩子，又不完全等同于我，他从母体出来后，已与母体分开，成了人类中的一个独立的人。因为还是我的孩子，作为父母就有教育他的义务，而这种教育主要是教给他自立的能力，而不是任何事情都帮助他们处理，因为他不等同于我，所以要解放孩子，使他们完全成为独立的人。

孩子告别依赖，一个重要的表现是独立地生活。要独立生活，就要做到自己的事情自己负责。孩子在面对生活中的各种事情时，只有明确了自己的责任，并勇于承担自己的责任，才能成为真正独立的人。

所以，平常就要让他们养成自己的事情自己做的习惯。从现在开始，让他们自己动手做他们自己力所能及的事情：自己收拾、打扫自己的房间，整理自己的衣服，学习上遇到了困难要自己多想办法解决，不要依赖别人的帮忙，父母工作忙的时候要学会做饭，等等。这些小事，都可以成为锻炼孩子自理能力的机会，不能再事事让孩子依赖父母。只有这样，孩子才能更好地掌握本领，将来外出求学，走上社会，就不会依赖别人，就能自己照顾自己。这样，在人生的道路上就会走得很辉煌。

父母除了教会孩子自己的事情自己负责，让孩子生活能自理之外，还要让孩子从思想上做到不依赖成年人，这就要加强对孩子独立思考能力的培养，让孩子做到能独立地提出问题、思考问题、解决问题，养成自觉的好习惯。自觉的培养比起让孩子能生活自理则更进一步了，它是孩子全方位发展的体现，只有做到了自觉，才谈得上尽量不依赖成年人。

另外，父母在教育孩子的时候，要让他们懂得自己未来的道路是靠自己的力量走出来的，要他们学会依靠自己，这样才能在成功的道路上越走越远，越走越开阔。

帮助孩子认识到对他人和社会的责任

王伟是六年级一班的大懒鬼，同学们都不喜欢他，老师也对他很头疼。轮到他们小组值日时，他总是磨磨蹭蹭，敷衍了事，或者是偷偷跑掉，把活儿全丢给其他同学；班里举行春游，需要带着炊具和食材到野外去做饭，王伟专挑轻的东西拿；王伟妈妈出差时，王伟每天都不换衣服袜子，臭烘烘地就来上学了；每次交作业时，王伟不是忘了写就是没有带作业本……他的懒惰事迹数不胜数，大家对他都很有意见，当老师同学给他提意见时，他总是振振有词:“我在家里就不干活儿，我妈妈都不让我干，说我不会做。我不会做怎么能在学校做呢？我怕事情搞砸嘛！”渐渐地，同学们都不愿意和王伟相处了，王伟变成了一个“孤家寡人。”

王伟的问题，其实不只是懒惰的问题，还是责任感的问题，他没有对他人对集体的责任感，因而招致同学的厌恶。当一个人缺失对他人的责任感时，就会损害别人的利益，给他人带来不便，自然就会引起别人的不快。而一个懂得责任感的孩子，能够深刻地体会到自己对他人、对社会的意义和价值，会具有更强的生存能力。这个世界需要一种深深的责任感，我们不仅对自己负有责任，我们还要对别人负有责任，正是责任把所有的人联结在一起，任何一个人对责任的懈怠都会导致整个社会链的不平衡。所以，父母应该帮助孩子认识到他对他人及对社会的责任，责任感才是孩子今后在社会立足的基本点。

美国女作家，《汤姆叔叔的小屋》的作者斯托夫人有自己的教育经验，她认为，一些父母在对孩子进行早期教育时，只注意孩子的智力和爱好的发展，重视拓宽孩子的知识面和学习的某种技能，而忽略了诸如责任心等重要品质的培养。这种做法是错误的。

父母要培养孩子这方面的责任感，就应该把他们放在具体的社会环境中，让他们自然地学会如何建立与他人的关系，处理好自己的事情。

从幼儿园开始，孩子们就要轮流担任老师的助手，帮助老师组织各种班级活动，以锻炼责任感和能力。小朋友们也都很愿意参与，并且会为自己日渐增长的能力感到很自豪。刚开始，父母可与孩子一起做，让孩子当助手，分派给他一些简单的很快就能做完的小事，让孩子从中体验到一点成功的快乐。接着父母应有意识地将自己和孩子的角色慢慢互换过来，同时，父母要教育孩子帮助别人，因为每个人都有需要别人帮助的时候。孩子有麻烦的时候，往往需要他人的帮助，同样，当别人遇到困难时，也需要孩子伸出援手，提供帮助。当孩子感受到被帮助人的感激之情时，孩子会体验到自身的价值，提高责任感。

当孩子勇敢而积极地完成自己的任务时，父母要给予积极肯定，因为父母的表扬与肯定会让孩子体验到成功的喜悦，树立自信心，增强其成功感和自豪感，使孩子明白自己能做很多的事、自己应该做很多事并且能做得很好。

父母的包办行为会使孩子失去责任心。孩子长期在父母全力照顾、凡事准备的情形下成长，就必然会失去自己计划、安排的能力和敢作敢当的勇气。要培养孩子的责任心，父母就要在孩子的学习、生活中纠正他的不良习惯，让孩子学会自己的事情自己做。只有懂得责任，才能具有更强的生存能力，也更能体会到自己对他人、对社会的价值和意义。

怎样训练孩子养成自己的事情自己做的习惯呢？专家建议从小事开始练习。比如，让孩子自己上学下学，如果路途远需要接送，那么至少他的书包应该由他自己来背。特别是要明确地让孩子明白学习是他自己的事，不是父母的事。让孩子处理自己的事情，目的就是要克服孩子的依赖性，培养其独立性，让孩子独立思考问题、独立解决问题、独立去处理自己应做的事。

在现实生活中，父母要试着把孩子生活中的每一项责任都放到他自己的身上，让孩子自己承担。比如，当孩子遇到麻烦的时候，你应该说：“这是你自己选择的，你想想为什么会这样？”而不要对孩子说：“你已经努力了，是妈妈没有帮助你。”虽然只是一句话，却反映出了观念的不同。如果你无意中帮助孩子推卸了责任，孩子将会认为自己无须承担责任，这对他以后的人生道路是很不利的。

平时，在家中应让孩子练习做自己能做的事情，如洗手帕、洗袜子、整理自己的小房间等。这样孩子也慢慢地学会了对自己的行为负责。孩子只有学会了对自己的事情负责，才能逐步地发展为对家庭、对他人、对集体、对社会负责。

有时候，孩子在集体中会吃点小亏，做父母的内心也会在爱与公平之间摇摆犹豫，但是不能因为孩子的借口而一味地迁就他的喜好，让他逃避责任。要知道，责任感是孩子今后走向社会的通行证。

缺乏责任心的孩子没有未来

一个人到瑞士旅游的时候，在一个洗手间里，他听到隔壁小间里一直发出一种奇怪的声音，由于这响动时间过长，也过于奇特，不由得引起了他的好奇心。

于是，他通过小门的缝隙向小间探望。这一看，让他惊叹不已。

原来，他看到一个只有七八岁的小男孩正在修理马桶的冲刷设备。一问才知道，这个小男孩上完厕所以后，因为冲刷设备出了问题，他没有把脏东西冲下去，因此他就一个人蹲在那里，千方百计想修复它。他的父母、老师当时并不在身边。

一个只有七八岁的小男孩，竟然有如此强烈的负责精神，但相比较之下，有些孩子的责任心就令人担忧了！

有的父母任由自己的孩子一点责任感也没有。比如孩子玩着玩具，转而看电视，任凭玩具扔得满地都是也不收拾，差点让家人摔跤；有的孩子则是把老师通知父母开会的事情抛到脑后，或者是书包不收拾，做错了事情躲在大人身后等，这样的例子有很多。

在孙云晓写的《夏令营中的较量》一文中，孩子责任心的缺失更是可见一斑：为了让自己更轻松些，孩子们纷纷将背包扔进马车，一路上，他们的东西随处乱放……

为什么孩子缺少责任心？

父母朋友们，先看看自己的教育。为了让孩子专心学习，父母们通常不让孩子们参与任何家务劳动，有的孩子甚至遇到了“三不准”的规定，即刀不准动、电不准动、火不准动，在这样的情况下，就更别提什么野炊、探险这些活动了，很多孩子长大以后连火柴都不会划，原因不在于他们不想干，而是不会干，因为父母不让干。

很多父母认为这些都是小事，即使帮着去做也没什么大不了的，举手之劳，不费什么劲，因此也就满不在乎，乐而为之。但是，这些父母并不知道，自己的“一片好心”却在一定程度上影响了儿童责任心的形成和发展。

为什么穷人的孩子早当家？为什么他们很早就懂得了柴米油盐，那是因为他们不得不去替父母考虑那些生活中的事情。吃饭的时候到了，而父母可能还在地里干活，这些孩子只能靠自己。他们也在一件件事情的磨炼当中体会了父母的辛苦，从而逐渐树立起责任心。

让孩子做任何他可以做的事情，这是我们对于孩子的责任，也是教育孩子具有责任感必不可少的环节。

一个人所处的位置决定了他的责任心大小，在一个需要承担责任的位置，他自然不能逃避；而在一个万事不用操心、衣来伸手饭来张口的位置，他就很难培养起责任心。

奥巴马为什么能够当选为总统？那是因为他把自己放在了总统的位置，他的心里装的就是成为总统所应该思考的问题，这一切得益于他的家庭教育。同样，父母们，如果你想让你的孩子能成为国家总理，就要把他放在总理的位置，让他思考国际局势、发现民间的疾苦，并且提出自己的想法来，让他感受国家总理应该负的责任。

可以想象，一个关注美国大选、关注民生经济的孩子，他的内心一定充满着对国家、对民众的责任，这样的孩子，谁还会担心他的前途？

所以，父母们，一定要让孩子坐在一个被需要、有责任的位置上，这样他才能发现自己身上的责任，才能有责任心。

第七章

不拜金不仇富，树立孩子正确的财富观

给孩子金钱前，首先给予他驾驭金钱的能力

一位经济学家说过：“孩子不能在金钱无菌室里培养。”在当今社会，对孩子进行金钱教育是不可或缺的。明智的父母懂得从小就开始培养孩子的财商，在给孩子金钱之前，教给他们理财的能力是他们成长过程里重要的一步。

在理财规划越来越受重视的今天，孩子的理财教育也逐渐为广大家长所关注。“授之以鱼不如授之以渔”，理财专家认为，与其送孩子一个玩具或带孩子外出游玩，还不如送给孩子一份理财礼物，培养孩子的理财意识，让孩子的财商与德商、情商、智商“共同发展”。

如今，教育显得比历史上的任何时代都要重要。工业时代里，孩子们只需要好好学习，顺利毕业，并在毕业后找份安全有保障的工作，就能一生过安定、舒适的生活。但在信息时代，“上学、拿高分、找份安全有保障的工作”的规则已不再适用，信息时代的规则变成了“上学、拿高分、找工作，在职位上接受再培训，然后，再找个新公司，换个工作，再接受培训……”显然，信息时代的人要比工业时代的人活得更累，因为你必须不断

接受培训，以适应新岗位。“一生一份工作”的生活在信息时代已不可能再现。如果父母不想让自己的孩子终生为生活奔波，就应关注孩子的财商教育的发展。

什么是财商？如何采用技术手段测定一个人的财商指数呢？有些人用银行存款数额、个人拥有的净资产量来衡量，有些人则用开的车型的好坏，买的房子的大小来衡量一个人的财商。他们认为，财商就是你能挣多少钱的能力。

实际上，这是一种十分片面的看法。有人曾对财商下了一个定义，他说：“财商与你挣多少钱没关系，它是测算你能留住多少钱以及让这些钱为你工作多久的指标。”进而，他说道：“随着你年龄的增加，如果你的钱仍然不断给你买回更多的自由、幸福、健康和人生选择，那么就表示着你的财商在增加。”由此可见，财商与你拥有和挣多少钱没有多大关系，财商可以经过培训和教育而得到增加。

财商人人都有，只不过有些人的财商比较低，所以他们一生都在为钱工作，在财务困境中苦苦挣扎；而另一些拥有较高财商的人可以终其一生快乐、健康、富裕、不用为金钱问题担忧。

培养孩子的财商十分重要。如前所述，信息时代的规则在发生变化，如果你希望自己的孩子终生幸福而且不为金钱问题所扰，就应从他们幼年时开始培养他们的财商。

对孩子的财商教育可分为以下几步进行：

1. 注意自己和孩子的语言。不要在孩子面前说或者允许孩子说“我买不起”等诸如此类的话，正确的语言是“我怎样才能买得起”。

2. 让孩子做有关财商的家庭作业。孩子除了完成学校的家庭作业外，还要做有关财商的家庭作业。因为我们知道，现行的学校教育已不能满足孩子们未来的需要，所以应在学校之外接受有关财商的教育。孩子们的课外财商教育作业可包括玩“现金流”游戏，用假钱模拟参与股市交易等。

3. 了解并掌握至少1000个财经、金融词汇。这对于希望增加自身财商的成年人也很有必要。我们知道，如果一个人想致富，最好从自己熟悉的领域开始。倘若你连资产、负债、净利润等词汇的含义都不甚了解，还谈什么致富以及拥有高财商。

4. 帮助孩子设计成功“赢配方”。每个人的成功都需要一些内外在因素的结合才能实现，孩子也不例外。成功的“赢配方”可使孩子拥有一生的幸福、舒适、富裕、健康和自由。孩子幼年时，极易受到来自学校和社会各方面的伤害和打击。始终让孩子拥有自信，留住他们与生俱来的天赋和才华是父母最光荣而伟大的职责。在此基础上，帮助孩子设计使他们一生成功的学习赢配方、职业赢配方和财务赢配方。

今天的孩子是幸福的，他们没有战乱之扰、饥饿之忧、贫穷之苦，他们生活在电脑、网络、牛仔裤、麦当劳的时尚潮流之中。但我们又深深地担忧：父母除了给予他们舒适、富足的生活和足够的零花钱外，还能给他们什么呢？今天的孩子所受的财务教育是否能迎接高速发展的信息社会的挑战？所以，对孩子进行财商教育最为重要的一步是：在你给孩子金钱之前，首先给予他们驾驭金钱的力量。

莫让孩子一哭闹，就能满足欲望

每次 4 岁的强强与妈妈去超市买东西时，他总是要棒棒糖。妈妈说："不行。"几分钟后，强强又开始要糖，妈妈仍然坚持说："不行。"走到第 3 个过道时，强强开始要赖，妈妈依旧说："不行。"强强的小脸涨得通红，他踢着腿，摇晃着购物车，妈妈便开始吓唬他再闹下去就打他的小屁股。可是强强并没怎么样，走到第 5 个过道时，他已经开始大哭大闹，赖着不肯走了。妈妈找了个地方藏起来，强强更是一发不可收拾，连踢带打，商场里的人都看着这情景。妈妈没法子，只好屈服，给儿子买了棒棒糖。

妈妈最后的屈服，使之前所有的拒绝都失去了效用，并告诉了孩子 3 件事：

1. 家长的话是没用的。妈妈先是说不，而最后又变成了好吧。孩子就知道了一旦妈妈再也忍受不了时，妈妈就会说"行吧"，就像变魔术一样，一下子"不行"就成了"行"。所以，妈妈在说不行时，并不是真的不行。只要一而再，再而三地磨妈妈，妈妈就能答应，并且可以要求得到更多的东西。

2. 孩子知道了要赖是有用的。"如果哭喊的声音足够大。我就能得到棒棒糖，要赖的‘奖赏’是棒棒糖，要一次赖可以得到根棒棒糖——我得手啦！”妈妈让强强知道大喊大叫是有效的，尤其是在人多的场合，妈妈碍着面子，比较容易屈服。

3. 孩子知道了妈妈并不会执行她说的话，她吓唬孩子但并没有真的像说的那样打他。她告诉强强安静下来，不然就打他的屁股，但事实上她怎么做的呢？她给强强买了根棒棒糖。强强也许会想："妈妈2年前就说过‘安静下来！不然我就打你！’这句话，直到今天她也没这么做过，第一次听她说这话我还会害怕，现在我一点也不怕了，下次还可以用大吵大闹要东西，反正妈妈是不会真正打我的。"

每天，有许多父母就是这样处理与孩子之间的问题，他们相信满足孩子的需要是阻止其要赖的唯一的方法。事实上，只要有一次父母屈服于孩子的大吵大闹，你就会听到孩子一而再、再而三的要求。在这种情况下，你该怎么做呢？

儿童教育专家帕特里夏·埃斯特斯说："适当地拒绝孩子很重要，即使你完全可以满足他。必须让孩子知道，不是想要什么就能得到什么的。"如果孩子在家中大声吵闹，你可以对他采取"冷处理"的办法，随他吵闹，不理他，他吵闹一会儿觉得没意思，也就不再吵了。如果孩子在公众场合哭闹，也不要因为怕别人注意而软化，就让他吵个够，或者走开一会儿，当他平静下来再回到他的身边。孩子觉得哭闹没有用，自然不会再使用这个伎俩了。刚开始实行对孩子的"冷处理"时会有些困难，因为孩子的哭闹往往使人不耐烦，或者让父母觉得心痛。但是这个时候，你必须硬起心肠才行。为了孩子长远的未来，短暂地委屈一下孩子是必需的。

另外，除了适当地拒绝孩子，父母与孩子一起购物时还应该遵循以下这个方案：父母不要带孩子做长时间的购物，可以开始带儿子去附近的便利店做短时间的购物。在离开家之前，父母可以将要买的东西拉个单子拿给孩子看，在单子的底下，父母可以写上一种给儿子的奖赏，比如一小块蛋糕，或者问孩子想要点什么。在去购物时，让孩子拿着购物单，这样可以给孩子一种购物时的主动权，让他有点事儿做。每购得一种东西就让孩子从购物单上把它画掉，如果孩子表现得出色，他就可以买一块蛋糕。而且，在与孩子一起购物时，一定不要吝惜对孩子的鼓励："孩子，你按照单子上所列的做得很好，谢谢！"

人总有贪恋，如果孩子的要求都得到满足，欲望就会愈来愈强，对孩子成长后的人格必然有深远的负面影响。只有遏制孩子贪婪的心理，他才能控制好自己的行为，父母们，该出手时就出手，有一种爱叫作"冷处理"。

给孩子"金山"不如给他"点金术"

汉朝的刘邦打下天下之后，为100多个功臣分封土地，并且分给他们很多田宅。在分封土地的时候，丞相萧何要了一块很贫瘠的土地。因为土地贫瘠，如果不辛勤耕作就没有饭吃，并且后代的子孙也会懂得勤劳节俭。汉朝建国 100 年之后，有一位史学家做了个考察，想了解一下最初被分封的这 100 多个功臣，如今他们的后代都怎样了，结果这个史学家非常吃惊，因为这些功臣的后代，基本上已经都没落了，而丞相萧何的后代还生存得很好。人们不得不佩服萧何的深谋远虑，留财产给子孙的做法是最愚蠢的，重要的是留下做人的智慧给子孙，留下做人的榜样给后代，这才是他们取之不竭的财富。

一般人富贵了之后自然想到封妻荫子，给子孙留下一笔可观的财富。但是，我们从历史上看，留下财富越多的人家，越容易养出不成气候的败家子，于是就算是富可敌国，传到第二代，也就破产了。电脑大王王安有数亿美元的财富，传到第二代也就破产了。所谓“富不过三代”，这是一种比较普遍的社会现象。

其实，有钱并不是养育孩子的弊端，问题在于这些有钱人把钱的作用扩大化了，把钱看作是万能，因而只重视给孩子充裕的物质享受而忽视了孩子的教育以及独立生活能力的培养。积累财富任其消费，以为这样就是爱心的充分体现。实际上，这是危害子女的普遍做法。“坐食山空”，即使有金山、银山也会花完的。

“金山”“银山”都不是留给孩子最好的靠山，父母究竟应该给孩子留些什么呢？林则徐做出最好的回答：“子孙若如我，要钱干什么，贤而多财，则损其志；子孙不如我，留钱干什么，愚而多财，益增其过。”

曾国藩写信给儿子说：“银钱田产最易长骄气逸气，我家断不可积钱，断不可买田，尔兄弟努力读书，绝不怕没有饭吃。”

经常听说某某官员铤而走险给子女安排一份好工作，谋求一个好职位，用心可谓良苦。这些人总是“聪明一时糊涂一世”，把老祖宗“财富不长宜子孙”的忠告置于脑后。就算你现在可以保护他享受特权，但一旦离开你的庇护后，孩子怎样才能站住脚？

父母假若不下苦心培养子女的一技之长，在当今乃至今后“凭本事吃饭”竞争日趋白热化的社会里，你的孩子的那个饭碗如何能端得牢靠？你纵然财大气粗富甲一方，给你的孩子留下一座金山，也架不住子孙坐吃山空、挥霍一尽。

养尊处优并不是父母送给孩子的最好礼物，恰恰可能埋下祸根。倒是那些从小就挣扎在社会最底层的人们，没有别的出路，没有任何指靠，常常可以出人头地建功立业。理性的父母一定要学会用金钱为孩子健康成长提供基本条件，而不是让孩子在挥霍金钱中消磨意志，自毁前程。不要用金钱财富作为给孩子的礼物，而要培养他自力更生的能力，为他找到一条最好的出路！

让孩子自己处理压岁钱，但是父母要当顾问

今年小琼的压岁钱也是“大丰收”，往年的压岁钱都是全部“上交”给妈妈，现在自己上初中了，是不是应该自己保管并支

配自己的压岁钱呢？小琼决定和妈妈好好“协商”这件事。

妈妈笑道：“嗯，可以。不过，你打算怎么支配这笔钱呢？”小琼想了想，回答：“我把3/4的钱存起来，剩下的钱买些书。这样可以吗？”

妈妈很赞赏小琼的计划，就放心让小琼支配自己的零花钱了。

压岁钱是我国的传统习俗，长辈借此向晚辈表达关爱，现在更成为孩子们过年的重要“精神动力”。过年的时候，孩子们最高兴的事情之一就是收到许多压岁钱，兜里装着各种各样的红包，心里乐开了花。可是，这些压岁钱应该怎么处理呢？

小琼对压岁钱的分配还停留在储蓄和买书的阶段，是非常规矩的选择。其实孩子也可以用压岁钱自助游，或者买一辆单车，或者报一个自己感兴趣的业余学习班……孩子的想法有很多，家长不一定能察觉。当他拿到压岁钱的时候，正是展示自己想法的时候，家长正好可以借此机会了解孩子的愿望。不论是好是坏，都会有很多收获。

有的孩子想去旅游，说明他想换一个环境，对生活充满好奇，这是值得家长支持的；有的孩子想买一双名牌的球鞋，这时家长也不必敏感，想想自己平时是不是有名牌情结，影响了孩子，或者孩子在学校受到一些影响，一切都可以交流；有的孩子想报名学绘画，家长也不一定要抱着孩子会成为艺术家的想法，也许孩子只是想尝试。

不管是怎样的想法，都有它存在的原因，家长千万不要停留在孩子的愿望表面理解，体贴地想想孩子的生活情况，才是最佳的选择。对孩子来说，事物没有绝对的善与恶，家长不能拿成人的标准来衡量孩子的梦。每一种想法，都值得小心翼翼地对待。最可怕的不是孩子有不好的想法，而是孩子一点想法都没有。有的家长认为，完全没有支配意愿的孩子才是最单纯最乖的孩子，但生活是需要人自己打理的，完全不愿意参与，与逃避有何异？

庆幸的是，绝大部分孩子都有支配欲望，并且坚持压岁钱是属于自己的私人财产，“神圣不可侵犯”。但是，面对想要花钱的孩子，家长会分为两类：绝对没收型和绝对放任型，大部分家长属于前者，认为孩子的压岁钱是大人之间的人情，因此应该收回；或者担心孩子挥霍，就不给他花钱的机会。不管孩子的计划怎样合理，都弃之不顾，要求孩子按照自己的安排生活。也有一部分家长持西方的“民主”观念，任由孩子自己安排，完全不闻不问。等到孩子将钱花在不合适的地方后，才大发雷霆，但为时已晚。

孩子是简单的，所以生活得无忧无虑。面对亲友送给孩子的压岁钱，家长不妨将它理解成长辈对孩子的关照，让这份钱成为简单美好的礼物，带着爱意走向孩子。既然压岁钱是给孩子的，就该让孩子自己保管，如果丢失了，孩子也能吸取教训。

将钱交给孩子后，父母还有后续工作要完成，那就是与孩子交流，倾听他们的心声，并协助孩子做一个财务计划表，监督孩子执行、评价和总结。相信在坦诚的沟通中，孩子会听取父母的意见，也会渐渐懂得花钱的学问。

把节俭的美德留给孩子，而不是留下财富

商场中，一个女孩拉着妈妈走进一家服装专卖店，二话没说就上前挑选运动服。妈妈说："你家里还有好几件新的运动服呢，怎么又要买啦？"孩子说："我那些买了很久了，再穿就会落伍。我同学都买了这种新款运动衣。"妈妈听到了，一边掏银行卡一边说："现在不少妈妈以孩子身穿名牌为荣，孩子穿得体面妈妈脸上也有光，做妈妈的苦一点不算什么，再苦不能苦孩子。我这一辈子就这样了，不能让孩子也像我这样，看着孩子穿得体面、吃得舒服，我心里高兴。"

看来，要帮助孩子增强节俭意识，首先应该纠正部分父母的教育观念。很多父母对孩子有求必应，是担心有求不应会让孩子受委屈。出于对自己清贫童年的补偿心理，也有很多父母想让孩子生活得无忧无虑。其实，节俭并不是宗教式的修行，要在压抑欲望和肉体痛苦中超脱；节俭也不是耻辱，让孩子感到委屈和受伤。相反，节俭是对生活的理智态度，也是对自己行为的一种高要求，让孩子明白只有高尚的人才能够做到节俭，孩子不仅不会感到羞愧，还会感到光荣。

贝多芬曾说，"把美德、善行传给你的孩子们，而不是留下

财富，只有这样才能给他们带来幸福”。节俭既是美德也是善行，节俭看似简单，实则是一种高尚的生活态度，非纯真富有的心灵不能到达。节俭不同于吝啬，节俭是为了避免浪费，而吝啬是为了积攒更多的财富，吝啬的人心灵太贫穷。

现在有很多孩子，生活在衣食无忧的环境里，即使家庭困难，父母也承担了一切压力，粉饰出太平盛世。孩子从来不知道生活的艰辛，花钱大手大脚，吃饭挑肥拣瘦，再完好的衣服也不肯多穿。孩子养成浪费的习惯，父母的反应往往是抱怨过后，迁就继续。父母还有一种观点，认为孩子不能比别的同学差，应该显出富家少爷的派头，所以尽量满足孩子的要求，让孩子越来越任性，越来越虚荣。

“成由勤俭，败由奢”，孩子一掷千金，将来事业难成，甚至日常生活都难以打点。孩子手中的钱来源于父母，从根本上看，孩子的浪费是父母约束不力造成的。父母如果不从孩子小时候就培养孩子节俭的意识，那么孩子就会养成浪费的习惯，到孩子的铺张浪费给他的生活带来不良影响的时候，你再想教育孩子要节俭，那是没有效用的了。所以，父母要趁早抓好孩子的理财教育，让孩子形成良好的消费习惯。

为了培养孩子勤俭节约的习惯，父母们可以参考以下的建议：

第一，把增强孩子勤俭节约的意识作为塑造良好品德的开端。美学大师朱光潜曾经说：“有钱难买幼时贫”，这并不是让孩子过“苦行僧”的生活，而是为孩子创造俭朴的家庭环境，让孩子继承中华民族的俭朴传统。

第二，让孩子在小事上养成节约的习惯。生活中处处有增强节约意识的细节，比如爱惜粮食、随手关灯、节约利用水资源、节约时间等。学习用品是孩子经常打交道的消耗品，可以从节约文具上入手，不要因为写错一两个字就撕掉一大张纸，也不要总是碰断铅笔芯。

第三，让孩子学会衡量支出。孩子虽然很小，不会理财，但是父母可以将家里的收支情况讲给孩子听，和孩子商量节省又适用的生活小妙方。如果孩子提出一些建议，一定要支持鼓励，孩子自己也会以身作则。父母要经常给孩子讲勤俭持家的道理，使孩子懂得一粒米、一滴水、一度电都是辛勤劳动换来的，父母供他的衣食住行的所需费用都是费心血挣来的。动之以情，晓之以理，对孩子的教育才更加有效。

孩子“摆阔”是恶习，父母千万要留意

孩子没有固定的收入，不具备成熟的金钱意识，他们不懂得如何管理自己的钱，但对金钱的要求和欲望是很强烈的。这很容易使孩子在用钱的时候犯一些错误，而这些错误会影响孩子的成长。所以父母应该从小对孩子进行严格的金钱教育，要教孩子如何使用钱，这是一种素质，它关系到孩子一生中的发展和幸福。孩子对金钱的诱惑缺乏抵抗力，所以，让他们树立正确的金钱观

尤为重要。

一些孩子喜欢花钱，而且滥用父母的钱去享受，只是把钱当成买东西的工具，没有养成存钱的习惯，买东西的时候喜欢一次把钱花光。花钱时有满足感，容易轻信别人的承诺。金钱本身并不可怕，可怕的是不能正确地认识金钱。孩子驾驭金钱的能力较低，时常是在相互攀比中、在商品广告的诱导下决定自身的消费行为，购买“儿童不宜”的用品、进入“儿童不宜”的场所，陷入盲目消费、高档消费、炫耀消费的误区。所以，经常有小孩喜欢“摆阔”，似乎花钱大手大脚是一种光荣和骄傲。

孩子的“摆阔”，问题好像看似是出现在孩子身上，实际责任是在父母。因为孩子“摆阔”用的钱，是由父母来提供。即便是孩子自己通过打工挣来的钱，却用在了吃喝穿戴上以显示自己的“阔气”，这其中主要是受到了父母的价值观念的影响。所以父母一旦发现孩子有“摆阔”的现象，一定要提高认识，检查一下自己的价值观念，再来引导孩子。

爱摆阔的孩子表面上看来是显示了自己的“阔气”，其实反映出的是对待物质生活的态度。我们不是苦行僧，物质条件好点可以适当让自己过得更加舒适。但是如果刻意地追求享受，甚至是故意追求“阔气”的效应，就是有点庸俗了。

在美国社会最受人尊敬的，是那些所谓的“白手起家”的富人们。即便是在美国的富贵家庭中，父母也非常注意让自己的孩子懂得吃苦自立。在他们看来，让自己的孩子从小就养尊处优，等于剥夺了他们自己白手起家的机会，这对孩子来说是不公平的。

罗拉是美国一个大学校长的女儿，生了孩子之后，全家都靠丈夫一个助理教授的工资生活，日子过得紧紧巴巴。双方的妈妈都是大名鼎鼎的人物，每周都是兴高采烈地来看自己的孙子，但是看完之后一拍屁股就走人，谁也不会接济一下。罗拉的爸爸曾经把家里的一辆破旧车，以优惠的价格转卖给了罗拉。这种“穷相”，实在是让人看了着实有点吃惊。美国的富家子弟常常会露出“穷相”，但是富起来却是长盛不衰，这其中的道理，值得深思。

父母有义务让孩子明白大手大脚地花钱是多么的不应该，当他明白了这一点，也就更懂得今日的生活是多么的来之不易，也就懂得了要感恩父母，也懂得了要自己去创造美好的生活。要想让孩子改掉“摆阔”的坏毛病，改掉大手大脚花钱的作风，除了父母要对孩子的“财源”加以适当控制之外，还要让孩子懂得钱的价值。让孩子了解家庭的收入来源、开支、储蓄等经济情况。

孩子往往不知道父母的钱是从哪里挣来的，并对父母给予的每分钱持一种无所谓的态度。但是，当他参观了父母工作的场所，特别是体力劳动者流血流汗的挣钱场所，情况就大不一样了。父母的劳动会对孩子的心灵产生一种震撼效果。看到父母为了这个家，为了自己，不辞辛苦地工作，用汗水甚至是血水换取生活必需的钱，他会为自己的大手大脚而惭愧。慢慢地，他就能够学会心疼父母，尽量减轻父母的负担，做个明事理的孩子。

孩子“摆阔”这个恶习是可以改变的，只要父母用点心来引导孩子对金钱形成正确的认识。

穷不能成为孩子自卑的原因，而要成为孩子的财富

如今社会的分化已经是越来越严重了，不同的阶层，在生活水平方面都相差甚远。孩子在很小的时候也能感受到这样的一种“阶层差距”。有钱家的孩子或许穿的衣服都是高档名牌，玩的玩具全部都是电动化，居住的环境舒适明亮；而普通人家的孩子就没有这样优越的待遇了，同龄的孩子们平时在一起交流玩耍，却发现彼此原来是生活在两个世界的。面对这样的状况，也许父母难免会多少有些担心：担心孩子知道自己穷之后会丧失做人的自信心。但是，父母也要知道，孩子观察世界的眼光和成人相比有着很大的差别。他们并不在乎自己是否穷苦，他们在乎的是满足和情感，他们在乎的是生活中是否可以玩得尽兴。

实际上，父母只要保证自己不会感到有差距，也不必掩饰自己的穷，孩子就完全不会产生自卑的心理。我们在教育孩子的时候也要注意抛弃自己的角度，努力从一个孩子的眼光来看世界，并且及时地教给他一些基本的人生价值观。

作为父母，我们没有必要掩饰自己的穷。如果让孩子观察出来我们在掩饰，反而会暴露出父母的心虚，觉得穷是件丢脸的事

情，这才会真正打击他的自信心。家庭条件不好固然是个劣势，如果父母善加利用也可以变成优势。比如父母可以让孩子了解到他想要的东西父母要付出多大的努力才能帮他得到，这样的话父母对他的爱会让孩子很满足，觉得自己虽然拥有的物质很少，但是拥有的感情很多，这样他就会自信而不是自卑。再来，我们还可以告诉孩子，现实要坦然接受，但是不是一成不变的，一切都要靠自己来努力，相信在这样的环境下成长起来的孩子，一定是快乐而上进的，怎么会自卑呢？

自卑对孩子的心理发展有很大的负面影响。心理学家阿德勒认为，每个人都有先天的生理或心理欠缺，这就决定了每个人的潜意识中都有自卑感存在。但处理得好，会使自己超越自卑寻求优越感，处理不好就将演化成各种各样的心理障碍或心理疾病。另外，自卑容易销蚀人的斗志，就像一把潮湿的火柴，再也燃不起兴奋的火花。如果一旦发现自己的孩子有自卑感，父母也要让孩子懂得，凡事都应有必胜的信心，自信是消除自卑的最好方法，因为自信会使人获得更多的成功。但在自信的基础上，要有符合自己实际情况的抱负水平。自卑者应打破过去那种“因为我不行——所以我不去做——反正我不行”的消极思维方式，建立起“因为我不行——所以我要努力——最终我一定会行”的积极思维方式。要正确而理性地认识自己，以坚强的勇气和毅力面对困难，以自信扫除自卑。

只要社会给予的机会公平，穷孩子和富孩子在面对竞争时并没有太多的优势和劣势。从培养孩子的角度来看，穷恰恰是很好的教育点，可以让孩子领悟很多道理。从教育孩子这一个角度来看，“穷”实际上是一笔无形的财富，会带来很多的优势。如果父母能够在贫苦的环境中充满自信地生活，一定可以感染孩子，并有助于树立孩子正确的价值观。同时，父母利用好这一教育资源，反而会使亲子间更加融洽。

所以，“穷”到底是成为孩子自卑的原因，还是成为孩子的财富，关键在于父母如何进行引导和培养。

仇富的父母，预约了孩子贫穷的未来

一位男士，年纪轻轻就创造了巨额的财富。于是，电视台邀请他去做节目，主持人问他：“您如今已经是亿万富翁了，取得目前的成绩，您最想感谢谁？”

成功人士毫不犹豫地说：“我妈妈。没有她，我不可能有今天这样的成绩。”顿了顿，他继续说道：“小时候，我家的生活条件很差，因为爷爷奶奶身体都不好，经常生病，爸爸妈妈的工资大多用来给他们看病了。那时候，看到别的孩子吃零食、穿新衣服，我都很羡慕，但是家庭条件不允许，我只能暗暗地在心里想一想。

“初中二年级，有一次下大雨，有不少同学都没带雨伞，放学后我们都在教室里等着雨停，没多长时间，我从窗户看到我妈给我送伞来了，她是走着来的。看到我妈来了，我收拾好书包下楼了。当我们走到校门口的时候，看到那儿停着两三辆小轿车，其中有一辆我知道是班上李炜爸爸的，他爸爸是商人，家里很有钱。我看见李炜很自豪地坐上那辆车走了，愤愤地说：‘看他那神气的样，不就是他爸爸有钱吗，经常拿着些新玩意儿在教室里跟大家炫耀，好像就他能买得起似的。’

“妈妈听了我的话说道：‘怎么那么生气呢，他的钱也是他爸爸挣的，跟他没关系，你自己长大后努力赚钱不就可以了吗？’妈妈的话让我恍然大悟。

“虽然我妈妈没教给我太多的文化知识，但是她教给我乐观、积极的生活态度，还有对待金钱的态度，这让我在后来的生活中受益匪浅。”

不是因为这位成功人士天生乐观，也不是因为他很聪明，而是因为他有一个好妈妈，妈妈从小就给他灌输了一种对待金钱的理念，让他在日后的生活中受益匪浅。

在家庭教育中，父母对金钱的态度，对孩子的影响是巨大的。父母仇富，不能实事求是地看待别人的财富，从这样的家庭中走出来的孩子很容易跟着仇富，而且还有厌世的消极思想，这样的孩子就算长大后成功了，也不能体验到快乐，这是多大的悲哀啊！

为什么有钱的人越来越有钱，而穷的人越来越穷，往往就是因为对待金钱的态度——能否以一颗平常心来客观地看待别人的财富。有的人看别人开着名车，住着别墅，心里很不是滋味儿，心想他那些巨额的财富指不定是怎么“坑蒙拐骗”来的呢！总之，他的钱肯定来路不正，而不去反思自己的现状，在这种消极思想的影响下，他们往往只能生活在贫困当中。有的人看到别人过着富裕的生活，见“富”思齐，自然而然会产生一种与他一争高下的念头，于是在以后的生活中，努力奋斗，他们的未来也往往是光明的。

现代社会，有很多人或多或少地存在一些仇富心态。实际上，仇富是一种不好的心理。看见别人开着名车，住着豪宅，不是想着自己也努力赚钱，而总是想着别人一夜之间财产消失殆尽，这种心理，从小的方面说，不利于自己的素质提高，不利于自己的奋斗进取；从大的方面讲，会妨碍社会进步。看见别人富裕，“不如退而结网”，通过自己的劳动和智慧，过上富裕的生活。

父母对孩子的影响，就是从这样一件件小事情中体现出来的，父母对世界的态度，是孩子的一个范本，父母给了他怎样的一个范例，他就会跟着在后面成为一个怎样的影子。父母仇富，对别人的财富没有一个客观公正的认识，孩子也会跟着仇富，在这样的家庭中长大的孩子，只懂得对别人的财富愤愤不平，而不懂得通过自己的努力去过上富裕的生活。所以，提醒那些具有仇富心态的父母们，一定不要在孩子的面前展露出你仇富的一面，千万不要因为你的仇富，而让孩子有一个贫穷的未来。